THE EVERYTHING®
LARGE-PRINT
WORD SEARCH
BOOK

Dear Reader,

If you're anything like me, sometimes you need to find a fun hobby to occupy your time and your mind. Something that is relaxing and fun. Something you can do while you're curled up on the couch, sitting on an airplane, or even exercising on a stationary bike (be careful with that one!) Well, this book is the answer for you!

I really enjoyed creating this book, and I hope that you have as much fun doing the puzzles as I have putting them together. You're about to enjoy 150 fun-filled puzzles with topics from Chocolate to Las Vegas to Academy Award Winners to Outdoor Life . . . plus it's in large print, making it easier to find the words.

I sincerely hope you enjoy this book! Grab a pen and have fun!

Jennifer Edmondson

Welcome to the EVERYTHING® Series!

These handy, accessible books give you all you need to tackle a difficult project, gain a new hobby, comprehend a fascinating topic, prepare for an exam, or even brush up on something you learned back in school but have since forgotten.

You can choose to read an *Everything*® book from cover to cover or just pick out the information you want from our four useful boxes: e-questions, e-facts, e-alerts, and e-ssentials. We give you everything you need to know on the subject, but throw in a lot of fun stuff along the way, too.

We now have more than 400 *Everything*® books in print, spanning such wide-ranging categories as weddings, pregnancy, cooking, music instruction, foreign language, crafts, pets, New Age, and so much more. When you're done reading them all, you can finally say you know *Everything*®!

PUBLISHER Karen Cooper

DIRECTOR OF ACQUISITIONS AND INNOVATION Paula Munier

MANAGING EDITOR, EVERYTHING® SERIES Lisa Laing

COPY CHIEF Casey Ebert

ACQUISITIONS EDITOR Lisa Laing

ASSOCIATE DEVELOPMENT EDITOR Elizabeth Kassab

EDITORIAL ASSISTANT Hillary Thompson

EVERYTHING® SERIES COVER DESIGNER Erin Alexander

LAYOUT DESIGNERS Colleen Cunningham, Elisabeth Lariviere, Ashley Vierra, Denise Wallace

Visit the entire Everything® series at *www.everything.com*

THE

EVERYTHING®

LARGE-PRINT
WORD SEARCH
BOOK

150 easy-to-read puzzles

Jennifer Edmondson

Adams Media
New York London Toronto Sydney New Delhi

Dedicated to Aunt Jean

Adams Media
An Imprint of Simon & Schuster, Inc.
57 Littlefield Street
Avon, Massachusetts 02322
Copyright © 2010 by Simon & Schuster, Inc.

An Everything® Series Book.
Everything® and everything.com® are registered trademarks of Simon & Schuster, Inc.

ADAMS MEDIA and colophon are trademarks of Simon and Schuster.

For information about special discounts for bulk purchases, please contact Simon & Schuster Special Sales at 1-866-506-1949 or business@simonandschuster.com.

The Simon & Schuster Speakers Bureau can bring authors to your live event. For more information or to book an event contact the Simon & Schuster Speakers Bureau at 1-866-248-3049 or visit our website at www.simonspeakers.com.

Manufactured in the United States of America

20 19 18 17 16 15 14 13 12

Library of Congress Cataloging-in-Publication Data has been applied for.

ISBN 978-1-4405-0319-1
ISBN 978-1-4405-0320-7 (ebook)

This publication is designed to provide accurate and authoritative information with regard to the subject matter covered. It is sold with the understanding that the publisher is not engaged in rendering legal, accounting, or other professional advice. If legal advice or other expert assistance is required, the services of a competent professional person should be sought.

—From a *Declaration of Principles* jointly adopted by a Committee of the American Bar Association and a Committee of Publishers and Associations

Contents

Introduction / vii

Chapter 1: Tasty Treats / 2

Chapter 2: Viva Las Vegas / 22

Chapter 3: Must-See TV / 42

Chapter 4: From Sea to Shining Sea / 62

Chapter 5: Vacation Destinations / 82

Chapter 6: Let's Celebrate! / 102

Chapter 7: Well Read / 122

Chapter 8: It's Game Time! / 142

Chapter 9: Can You Feel the Beat? / 162

Chapter 10: The Big City / 182

Chapter 11: All Grown Up / 202

Chapter 12: And the Oscar Goes To . . . / 222

Chapter 13: The Great Outdoors / 242

Chapter 14: Oh, to Be a Kid Again / 262

Chapter 15: Weekend Fun / 282

Answers / 303

Acknowledgments

I would like to thank my family and friends and my fiancé, Todd, for supporting me in all my writing endeavors. I would also like to thank the team at Adams Media for allowing me to do such a fun project. A special thanks to Lisa Laing!

Introduction

The 150 fun-filled puzzles in this book are all large print, making it easier to find each word. They are in the traditional word search format, so if you can't find a word, be sure to look at it diagonally and backwards!

All of the puzzles in each chapter correspond with the chapter title. For example, in the "LAS VEGAS" chapter, you will find puzzles that include all aspects of Las Vegas, from "HOTELS" to "RESTAURANTS" to "ENTERTAINERS." Simply circle that words you see, and if you need a little help, there is a handy Answer Key located in the back of the book.

Have fun!

Puzzles

CHAPTER 1
TASTY TREATS
SUSHI

AHI TUNA

ALBACORE

BLOWFISH

CALIFORNIA ROLL

CHOP STICKS

CLAMS

CRAB

CUCUMBER

EEL

EGGPLANT

FISH EGGS

HALIBUT

HAND ROLL

LOBSTER

MISO SOUP

OCTOPUS

OYSTERS

RICE

SALMON

SASHIMI

SCALLOPS

SEAWEED

SESAME SEEDS

SHRIMP

SOY SAUCE

SOYBEANS

SQUID

SWORDFISH

TOFU

TROUT

WRAP

YELLOWTAIL

```
I T U O R T C B N P A C R A
M K C K R H A L I B U T I Z
I L O P I R O F O C M A C L
H S K O C T O P U S N M L I
S C G Y E N O M L A S O A A
A A Q G A L B A C O R E M T
S L S D E E S E M A S E S W
N L R I R H C H I K W U E O
A O E U A U S N C X O S G L
E P T Q A I R I T R R H G L
B S S F O T O F E D R P E
Y E Y W F S F N R T F I L Y
O O O I P U O S O S I M A W
S L L O R D N A H B S P N R
B A H I T U N A N O H D T A
C C S E A W E E D L U L C P
```

Solution on Page 304

CHOCOLATE

BAKERS
BROWNIES
CAKE
CANDY BARS
CARAMEL
CHEESECAKE
COCOA POWDER
COOKIES
CREAM PIE
CRUST
CUPCAKES
DARK
DEVILS FOOD
FUDGE
HERSHEY
HOT COCOA
ICE CREAM
LAYERS
MILK
MINT

MOUSSE
OREOS
PEANUT BUTTER
PUDDING
SEMISWEET
SMORE
SOUFFLE
SUNDAE
SYRUP
TARTS
TRIFLE
UNSWEETENED
WHITE

```
S R P P U D D I N G I Y O S
F P E A N U T B U T T E R E
I U V D S R A B Y D N A C R
E Y D M W C X Y T R I F L E
A W J G E O R Y E S S U O M
D T C W E O P U U H D Y I E
N N C H T K U A S O S C B D
U I S I E I R T O T E R H A
S M O T N E Y F E C R Q E J
F I U E E S S E R O O A T H
X L F C D L W E O C M C T S
R K F N I S A O C O S H R V
M R L V I M E W L A Y E R S
P A E M P C U P C A K E S F
B D E I E T C A R A M E L O
D S E I N W O R B J Z E Q H
```

Solution on Page 304

SALAD TOPPINGS

ALMONDS
AVOCADO
BACON BITS
BALSAMIC
BLUE CHEESE
BROCCOLI
CAESAR
CARROTS
CAULIFLOWER
CHICKEN
CROUTONS
CUCUMBER
EGGS
GARLIC
HONEY MUSTARD
ITALIAN
LETTUCE
MUSHROOMS
OLIVES

PICKLES
RANCH
RED ONION
SPINACH
SPROUTS
SQUASH
THOUSAND ISLAND
TOMATO
TUNA
VINAIGRETTE

```
C A E S A R O H L N B M W B
A R S P I N A C H R U M V P
R P E A L M O N D S B A I D
R D L B V G O A H L V C N H
O R K Y M N A R U O I A A S
T A C K A U O E C G L U I A
S T I B N O C A B S O L G U
T S P G M H D U I M C I R Q
U U D S E O T D C R C F E S
O M R E D O N I O N O L T E
R Y S P M A M U H M R O T V
P E T A S A T O Q B B W E I
S N T U S O E C U T T E L L
B O O L N E K C I H C R O O
L H A S N A I L A T I F P V
T B E G G S G A R L I C I D
```

Solution on Page 304

ICE CREAM FLAVORS

ALMOND CRUNCH

BUBBLEGUM

BUTTER PECAN

CARAMEL

CHEESECAKE

CHERRY

CHOCOLATE

COCONUT

COFFEE

COOKIE DOUGH

FUDGE

HEATH BAR

MINT AND CHIP

NEAPOLITAN

OREO

PEACH

PEANUT BUTTER

PEPPERMINT

PINEAPPLE

PISTACHIO

PRALINES

RASPBERRY

ROCKY ROAD

RUM RAISIN

SHERBET

STRAWBERRY

VANILLA

```
B  Y  R  R  E  B  P  S  A  R  X  U  S  E
B  E  Z  P  E  P  P  E  R  M  I  N  T  G
U  Y  E  L  P  P  A  E  N  I  P  D  R  D
B  S  E  N  I  L  A  R  P  N  E  O  A  U
B  R  F  S  H  E  R  B  E  T  V  H  W  F
L  O  F  W  Z  C  T  A  A  A  C  G  B  Y
E  C  O  H  H  U  P  L  N  N  H  U  E  R
G  K  C  E  N  O  O  I  U  D  E  O  R  U
U  Y  R  O  L  C  L  R  T  C  E  D  R  M
M  R  C  I  O  L  C  A  B  H  S  E  Y  R
Y  O  T  H  A  D  K  B  U  I  E  I  A  A
C  A  C  X  N  P  W  H  T  P  C  K  I  I
N  D  O  O  E  R  O  T  T  G  A  O  C  S
L  E  M  A  R  A  C  A  E  A  K  O  N  I
L  L  C  B  U  T  T  E  R  P  E  C  A  N
A  H  F  B  H  O  I  H  C  A  T  S  I  P
```

Solution on Page 304

FRUITS

ACAI

APPLES

APRICOT

BANANA

BLACKBERRY

BLUEBERRY

BOYSENBERRY

CANTALOUPE

CHERRIES

COCONUT

CRANBERRY

FIG

GRAPEFRUIT

GRAPES

HONEYDEW

KIWI

LEMON

LIME

MANGO

ORANGE

PEACH

PEAR

PINEAPPLE

PLUM

POMEGRANATE

PRUNES

PUMPKIN

RASPBERRY

STRAWBERRY

TANGERINE

WATERMELON

```
F W E D Y E N O H D P O L K
N C H E R R I E S I Y G I F
Y T A N G E R I N E P N M L
B B L A C K B E R R Y A E I
L O S C V S A T B Y J M P W
U M Y E J P E A R W O E A I
E C U S P B A N A N A T O K
B H A L E A O A U C E R A R
E F E N P R R H R A E T A
R S D K T X B G M O P I C S
R X V G R A P E F R U I T P
Y L N F X N L M R Y C B P B
A P R I C O T O O R A N G E
C O C O N U T P U I Y L N R
F W G N I K P M U P B A H R
W Z G V K C R A N B E R R Y
```

Solution on Page 305

MEXICAN CUISINE

BEANS
BURRITO
CARNITAS
CHALUPA
CHILAQUILES
CHILE RELLENO
CHILI VERDE
CHIMICHANGA
CHURRO
EMPANADA
ENCHILADA
ENCHIRITO
FAJITA
FLAN
GORDITA
GUACAMOLE
HUEVOS RANCHEROS
NACHOS
POZOLE
QUESADILLA

RICE
SALSA
TACO
TAMALES
TAQUITOS
TORTILLA
TOSTADA

```
M  H  Q  W  U  Q  H  P  F  A  J  I  T  A
J  I  X  N  F  U  U  K  J  O  T  P  D  A
B  E  A  N  S  E  E  M  P  A  N  A  D  A
S  L  G  I  C  S  V  H  H  H  T  X  C  S
F  O  N  I  A  A  O  R  L  S  A  M  Y  O
K  Z  A  B  R  D  S  V  O  C  D  Y  N  T
U  O  H  C  N  I  R  T  O  H  A  E  N  I
G  P  C  H  I  L  A  Q  U  I  L  E  S  U
U  V  I  A  T  L  N  B  L  L  I  T  E  Q
A  B  M  L  A  A  C  U  E  I  H  O  L  A
C  S  I  U  S  S  H  R  C  V  C  R  A  T
A  O  H  P  E  A  E  R  H  E  N  T  M  I
M  H  C  A  C  L  R  I  U  R  E  I  A  D
O  C  F  E  I  S  O  T  R  D  K  L  T  R
L  A  P  H  R  A  S  O  R  E  F  L  Z  O
E  N  C  H  I  R  I  T  O  J  A  A  J  G
```

Solution on Page 305

BREAKFAST FOOD

APPLE JUICE
BACON
BAGEL
BANANA
BLUEBERRIES
CEREAL
COFFEE
CREAM OF WHEAT
DOUGHNUT
EGGS
ENGLISH MUFFIN
FRENCH TOAST
FRIED POTATOES
HAM
HASH BROWNS
JAM
JELLY
MILK
MUFFIN
OATMEAL

OMELETTE
ORANGE JUICE
PANCAKE
PASTRIES
POP TARTS
SAUSAGE
STEAK
TOAST
WAFFLE

```
O  X  K  E  E  T  T  E  L  E  M  O  G  A
A  C  E  M  I  L  K  A  E  T  S  G  V  E
B  A  N  A  N  A  P  O  P  T  A  R  T  S
N  W  G  J  C  S  E  I  R  T  S  A  P  T
O  R  A  N  G  E  J  U  I  C  E  T  H  U
C  D  A  S  N  W  O  R  B  H  S  A  H  N
A  P  H  E  L  F  F  A  W  A  M  E  D  H
B  Q  T  Y  E  E  F  F  O  C  X  I  N  G
F  R  I  E  D  P  O  T  A  T  O  E  S  U
N  I  F  F  U  M  H  S  I  L  G  N  E  O
L  V  U  X  A  C  L  A  E  M  T  A  O  D
A  I  U  E  N  S  A  U  S  A  G  E  R  Y
E  A  R  E  C  I  U  J  E  L  P  P  A  L
R  C  R  L  E  G  A  B  L  W  Z  M  L  L
E  F  R  I  Y  O  T  V  X  W  S  G  G  E
C  N  S  E  I  R  R  E  B  E  U  L  B  J
```

Solution on Page 305

BEVERAGES

APPLE JUICE

BEER

BRANDY

CAPPUCCINO

CHAMPAGNE

CIDER

CLUB SODA

COFFEE

DIET COKE

ESPRESSO

FRUIT PUNCH

GINGERALE

HOT COCOA

ICED TEA

LATTE

LEMONADE

KOOL AID

MILK

ORANGE JUICE

PEPSI

ROOTBEER

RUM

TEQUILA

TOMATO JUICE

VODKA

WATER

WHISKEY

WINE

```
I  R  B  M  O  S  S  E  R  P  S  E  L  X
P  E  P  S  I  P  N  V  I  D  N  L  E  F
A  D  O  S  B  U  L  C  I  G  A  A  M  H
C  I  M  V  O  D  K  A  A  W  C  R  O  X
E  C  I  U  J  E  L  P  P  A  O  E  N  N
C  S  L  S  R  O  M  P  I  T  F  G  A  W
I  R  K  E  O  A  J  U  R  E  F  N  D  H
U  O  L  K  H  Z  O  C  Y  R  E  I  E  S
J  O  O  C  X  E  O  C  U  H  E  G  Y  K
O  T  L  O  M  M  Q  I  O  T  A  M  E  P
T  B  F  Z  M  Y  T  N  C  C  E  B  K  O
A  E  S  G  D  P  J  O  E  E  T  N  S  Q
M  E  I  N  U  H  K  U  K  U  D  O  I  F
O  R  A  N  G  E  J  U  I  C  E  O  H  W
T  R  C  P  F  W  C  K  I  Z  C  X  W  P
B  H  A  L  A  T  T  E  Q  U  I  L  A  L
```

Solution on Page 305

ITALIAN CUISINE

ALFREDO SAUCE

BASIL

BRUSCHETTA

CALAMARI

CALZONE

CIABATTA

FETTUCCINE

FIORENTINE

GARLIC

LASAGNA

LINGUINE

MACARONI

MANICOTTI

MARINARA

MINESTRONE

MOZZARELLA

MUSSELS

PENNE

PESTO SAUCE

PITA BREAD

PIZZA

RAVIOLI

RICOTTA

RIGATONI

ROTINI

SPAGHETTI

TORTELLINI

ZITI

```
S R M A R I N A R A N L B X
C C B L P U M U S S E L S M
Z T O R T E L L I N I W E A
O R C E U Z I T I D E N A C
D I A G N S T C A L N X L A
K C L J A O C E I E C A L R
C O Z B C U R H P I E T E O
A T O I T B A T E T N T R N
L T N T A R V N S T I A A I
A A E T O W I U T E T B Z N
M F I T V U O P O H N A Z O
A P I W G J L I S G E I O T
R N T N V L I Z A A R C M A
I C I L R A G Z U P O N I G
H L A S A G N A C S I B P I
L E C U A S O D E R F L A R
```

Solution on Page 306

LATE-NIGHT SNACKS

BEEF JERKY

CANDY BAR

CANDY CANE

CARAMEL

CHEESE CURLS

CHIPS

CHOCOLATE

COOKIES

CRACKERS

DOUGHNUT

DRIED FRUIT

FRENCH FRIES

GRANOLA

GUMMY BEARS

ICE CREAM

JELLY BEANS

LICORICE

LOLLIPOP

NACHOS

ONION RINGS

PEANUTS

PISTACHIOS

POPCORN

PRETZELS

TAFFY

TRAIL MIX

```
Y  G  R  A  N  O  L  A  S  O  H  C  A  N
P  F  U  E  N  E  N  A  C  Y  D  N  A  C
S  E  F  M  G  M  G  A  K  I  I  I  H  L
A  Q  A  A  M  A  E  R  C  E  C  I  E  O
O  B  D  N  T  Y  E  Y  C  H  P  M  T  B
N  S  D  D  U  J  B  Y  E  S  A  T  A  N
I  N  R  H  F  T  R  E  B  R  E  X  L  V
O  A  I  E  P  I  S  T  A  C  H  I  O  S
N  E  E  S  R  E  K  C  A  R  C  M  C  L
R  B  D  X  C  O  O  K  I  E  S  L  O  I
I  Y  F  U  P  O  P  C  O  R  N  I  H  C
N  L  R  A  B  Y  D  N  A  C  Y  A  C  O
G  L  U  J  I  S  L  E  Z  T  E  R  P  R
S  E  I  R  F  H  C  N  E  R  F  T  J  I
N  J  T  U  N  H  G  U  O  D  G  D  J  C
C  F  P  O  P  I  L  L  O  L  V  K  A  E
```

Solution on Page 306

CHAPTER 2

VIVA LAS VEGAS
HOTELS

BALLYS

BELLAGIO

CAESARS PALACE

CIRCUS CIRCUS

EXCALIBUR

FLAMINGO

HARD ROCK

HARRAHS

HILTON

IMPERIAL PALACE

LUXOR

MANDALAY BAY

MGM GRAND

MIRAGE

MONTE CARLO

NEW YORK NEW YORK

PALMS

PARIS

PLANET HOLLYWOOD

RIO

RIVIERA

STRATOSPHERE

TREASURE ISLAND

TROPICANA

VENETIAN

WYNN

```
B A L L Y S D V P S E B K D
D B A R E U N E T I G W B O
N P R H R C A N R R A P E O
A J E H E R L E O A R O L W
R U I A H I S T P P I M L Y
G V V R P C I I I R M O A L
M W I R S S E A C U A N G L
G F R A O U R N A B N T I O
M L Q H T C U A N I D E O H
C A E S A R S P A L A C E T
I M P E R I A L P A L A C E
C I A K T C E U V C A R I N
W N L A S L R X W X Y L O A
Y G M H I L T O N E B O Q L
N O S G K C O R D R A H S P
N E W Y O R K N E W Y O R K
```

Solution on Page 306

RESTAURANTS

CARNIVAL WORLD
CHINOIS
COURTYARD CAFE
CRAFTSTEAK
CUT
DELMONICOS
ESPN ZONE
FLEUR DE LYS
HOUSE OF BLUES
LE CIRQUE
NASCAR CAFE
NOBHILL
PEPPERMILL
PICASSO
POSTRIO
RED SQUARE
REGALE
RUM JUNGLE
SPAGO
SPICE MARKET

STACK
SUSHI ROKU
THE BURGER BAR
THE TILLERMAN
VALENTINO

```
D E L M O N I C O S E C C E
O S U S H I R O K U P C R R
S U S N G Z T U Q O G N A O
S K P O Y C E R S Y A B F N
A T I B E V I T N S R L T I
C H C H L C R Y C E E L S T
I E E I E I S A G U D I T N
P T M L O T R R R L S M E E
S I A L A C U D E B Q R A L
I L R C A B E C G F U E K A
O L K F E L V A A O A P N V
N E E H Y N D F L E R P F O
I R T S C T Y E E S E E R G
H M E L G N U J M U R P Z A
C A R N I V A L W O R L D P
E N O Z N P S E Y H S W Y S
```

Solution on Page 306

GAMBLING

BACCARAT

BETTING

BINGO

BLACKJACK

BLUFF

CARDS

CASINO WAR

CHIPS

COCKTAILS

COMPUTER GAMES

CRAPS

DEALER

DOUBLE DOWN

DRAW

FARO

HEARTS

INSURANCE

KENO

LET IT RIDE

MONEY

PIT BOSS

POKER

ROULETTE

ROYAL FLUSH

SHUFFLE

SLOT MACHINES

SMOKING

SPLIT ACES

TEXAS HOLD EM

```
C  D  G  J  A  O  S  S  O  B  T  I  P  L
O  I  N  S  U  R  A  N  C  E  B  S  E  D
M  B  I  N  G  O  E  E  X  D  L  C  L  C
P  I  T  H  R  K  F  A  R  O  U  H  F  R
U  M  T  E  E  F  S  X  T  U  F  I  F  O
T  O  E  P  K  H  N  M  C  B  F  P  U  U
E  B  B  R  O  Y  A  L  F  L  U  S  H  L
R  E  L  L  P  C  W  Y  S  E  W  L  S  E
G  X  D  A  H  O  A  M  P  D  W  C  P  T
A  E  C  I  C  C  O  S  L  O  D  A  A  T
M  R  N  Y  R  K  H  O  I  W  Q  R  R  E
E  E  L  E  I  T  J  E  T  N  A  D  C  D
S  L  G  N  J  A  I  A  A  C  O  S  J  I
Q  A  G  O  I  I  H  T  C  R  N  W  Q  Z
B  E  N  M  V  L  D  A  E  K  T  L  A  T
W  D  W  M  H  S  B  W  S  L  T  S  Y  R
```

Solution on Page 307

ATTRACTIONS

ADVENTUREDOME
AQUARIUM
BIG SHOT RIDE
CONSERVATORY
DOLPHINS
EIFFEL TOWER
EXHIBITIONS
FOUNTAINS
FREMONT STREET
GONDOLA
GRAND CANAL
LION HABITAT
LOG RIDE
ROLLER COASTER
SHARK REEF
SHOW IN THE SKY
STREETMOSPHERE
TITANIC EXHIBIT

WILDLIFE HABITAT
VOLCANO

```
E D O F M S G I B A T W Y Q
R O N O B N H G I L A I R H
E L A U L O F R G O T L O R
H P C N O I R A S D I D T O
P H L T G T E N H N B L A L
S I O A R I M D O O A I V L
O N V I I B O C T G H F R E
M S Q N D I N A R Z N E E R
T Y K S E H T N I W O H S C
E T P K K X S A D O I A N O
E E E R S E T L E N L B O A
R P A Q U A R I U M X I C S
T I B I H X E C I N A T I T
S H A R K R E E F F Z A F E
E I F F E L T O W E R T K R
E M O D E R U T N E V D A C
```

Solution on Page 307

THE STRIP

ALCOHOL

BELLAGIO FOUNTAIN

BRIDGES

BULLETINS

CASINOS

CROSSWALK

EIFFEL TOWER

HOTELS

LAS VEGAS BLVD

LASER LIGHTS

MARQUEES

MONORAIL

NEON LIGHTS

PALM TREES

PEDESTRIAN

PIRATE SHOW

RESTAURANTS

ROLLER COASTER

STATUE OF LIBERTY

STATUES

TAXI CABS

VOLCANO

```
G L V Y L S Y N S C N M O Z
D N P T O T N T E K I A N F
V V E R L N E K U R A R A K
N L L E L A O B T T T Q C E
A I F B A R N R A A N U L I
I A E I S U L I T X U E O F
R R F L E A I D S I O E V F
T O P F R T G G N C F S K E
S N A O L S H E Z A O N L L
E O L E I E T S V B I I A T
D M M U G R S V W S G T W O
E C T T H O T E L S A E S W
P I R A T E S H O W L L S E
U R E T S A O C R E L L O R
B M E S O N I S A C E U R Q
J V S L O H O C L A B B C N
```

Solution on Page 307

SIGHT SEEING

BEAUTY SPAS
COMEDY CLUB
CONCERTS
DANCING
DINNER IN THE SKY
EIFFEL TOWER
FOUNTAINS
GONDOLA
GRAND CANYON
HELICOPTER TOUR
HOOVER DAM
IMPERSONATORS
LIMOUSINES
MAGIC SHOWS
MUSEUMS
NIGHTCLUBS
OUTLET MALLS
ROLLER COASTER
SHOW GIRLS

WAX MUSEUM
WEDDING CHAPELS

```
D I N N E R I N T H E S K Y
S R O T A N O S R E P M I G
S E N I S U O M I L U V R Q
S L E P A H C G N I D D E W
Z L C J X K C O N C E R T S
G R A N D C A N Y O N C S R
N Q B E A U T Y S P A S A Z
I S L L A M T E L T U O O M
C L A B U L C Y D E M O C A
N R T D D T U W W R G O R D
A I O E I F F E L T O W E R
D G M A G I C S H O W S L E
D W N I G H T C L U B S L V
F O U N T A I N S R K C O O
M H W A X M U S E U M S R O
K S Q O A L O D N O G X M H
```

Solution on Page 307

ENTERTAINERS

BARRY MANILOW

BETTE MIDLER

BLUE MAN GROUP

CELINE DION

CHER

CIRQUE DU SOLEIL

CRISS ANGEL

DAVID COPPERFIELD

ELTON JOHN

ELVIS PRESLEY

FRANK SINATRA

LANCE BURTON

NEIL DIAMOND

PENN AND TELLER

RITA RUDNER

SAMMY DAVIS JR

SIEGFRIED AND ROY

TOM JONES

WAYNE NEWTON

```
D E L V I S P R E S L E Y T
A R I S N B T R E I A D D H
V I E Q E E W J D E N S C B
I T L L I T U S I G C H J L
D A O S L T E I C F E F C U
C R S E D E L V E R B R R E
O U U N I M T A L I U A I M
P D D O A I O D I E R N S A
P N E J M D N Y N D T K S N
E E U M O L J M E A O S A G
R R Q O N E O M D N N I N R
F K R T D R H A I D I N G O
I B I H W N N S O R P A E U
E Y C Q Z P T G N O L T L P
L R W O L I N A M Y R R A B
D J N O T W E N E N Y A W O
```

Solution on Page 308

COCKTAILS

BACARDI
BAY BREEZE
BLOODY MARY
BLUE HAWAII
CAPE COD
COSMOPOLITAN
DAIQUIRI
GIN AND TONIC
KAMIKAZE
LONG ISLAND
MAI TAI
MARGARITA
MARTINI
MOJITO
MUDSLIDE
PINA COLADA
PINK LADY
RUM AND COKE
SAKE BOMB
SCREWDRIVER

SEA BREEZE
TEQUILA SUNRISE
TOM COLLINS

```
T  I  A  T  I  A  M  A  R  T  I  N  I  M
A  E  K  O  C  D  N  A  M  U  R  C  Z  O
D  P  Q  C  A  P  E  C  O  D  N  G  R  J
A  C  S  U  T  B  A  C  A  R  D  I  E  I
L  O  N  G  I  S  L  A  N  D  H  N  V  T
O  E  I  X  R  L  Y  M  I  U  A  A  I  O
C  D  L  B  A  D  A  M  R  T  B  N  R  K
A  I  L  L  G  C  A  S  I  L  A  D  D  A
N  L  O  O  R  N  S  L  U  F  Y  T  W  M
I  S  C  O  A  C  O  E  Q  N  B  O  E  I
P  D  M  D  M  P  H  H  I  E  R  N  R  K
I  U  O  Y  O  A  Q  V  A  F  E  I  C  A
N  M  T  M  W  I  R  C  D  Z  E  C  S  Z
C  J  S  A  K  E  B  O  M  B  Z  P  M  E
W  O  I  R  S  E  A  B  R  E  E  Z  E  X
C  I  R  Y  D  A  L  K  N  I  P  D  X  T
```

Solution on Page 308

MOVIES

AUSTIN POWERS

BUGSY

CASINO

CON AIR

DODGEBALL

DOMINO

FEAR AND LOATHING

FOOLS RUSH IN

GET SHORTY

I SPY

IRON MAN

LEAVING LAS VEGAS

LUCKY YOU

MY GIANT

OCEANS ELEVEN

RAIN MAN

RAT RACE

SISTER ACT

SMOKIN ACES

SWINGERS

THE GODFATHER

THE MEXICAN

U TURN

VEGAS VACATION

VERY BAD THINGS

```
B F L N I H S U R S L O O F
N E S M O K I N A C E S W N
J A N L C A S I N O A L V A
S R E L R U T U R N V U K M
W A V A T H E M E X I C A N
I N E B L Y R X C D N K U O
N D L E G S A R A O G Y S R
G L E G E G C A R M L Y T I
E O S D T U T I T I A O I S
R A N O S B A N A N S U N P
S T A D H N S M R O V Z P Y
T H E G O D F A T H E R O L
Q I C C R N O N F S G J W D
L N O I T A C A V S A G E V
T G E M Y G I A N T S Y R H
V E R Y B A D T H I N G S N
```

Solution on Page 308

NIGHT LIFE

BLUE MARTINI

BLUSH

CAT HOUSE

COYOTE UGLY

ESPN ZONE

EYE CANDY

GHOSTBAR

GOLD DIGGERS

I BAR

JET

KRAVE

LAVO

MIX

NOIR BAR

OCTANE

POETRY

PURE

PUSSYCAT DOLLS

RAIN LAS VEGAS

RISQUE

ROCKHOUSE

ROK

RUM JUNGLE

SEAMLESS

TABU

TAO

TRIQ

VOODOO LOUNGE

WASTED SPACE

```
E T S L Y V F H Z J C U Q M
E G D R R O C K H O U S E W
S C N A E U S T E N A T C O
W A A U R G M E D U W T A C
D E G P O A G J A P L I T I
D I M E S L B I U M I X H R
H G C M V D O R D N L T O A
U E H O N S E O I D G E U B
P U S S Y C A T D O L L S T
N Q U P K O R L S O N O E S
Q S L P N A T S N A O E G O
Q I B O M Z I E Q I W V N H
Y R R E R B O K U B A A A G
H R U T A B U N W G T R F L
X L M R U L P B E B L K E O
B Z I Y E Y E C A N D Y T R
```

Solution on Page 308

CHAPTER 3
MUST-SEE TV
MEDICAL DRAMAS

BEN CASEY

CHICAGO HOPE

CHINA BEACH

DOOGIE HOWSER

DR QUINN

EMERGENCY

ER

GREYS ANATOMY

HOUSE

LA DOCTORS

MASH

NIP TUCK

NURSES

PRIVATE PRACTICE

PROVIDENCE

QUINCY

SCRUBS

SIDE EFFECTS

ST ELSEWHERE

STRONG MEDICINE

THE DOCTORS

THIRD WATCH

TRAPPER JOHN MD

```
N Y K E C N E D I V O R P S
E M E R G E N C Y T D K R C
F O E N U R S E S J M V I R
O T A I W U T L M E N T V U
N A S R O T C O D E H T A B
E N I C I D E M G N O R T S
P A I Q F Q F H H H J B E T
O S E U J I F S C O R E P E
H Y O I Q U E A T U E N R L
O E T N S R E M A S P C A S
G R X C P B D H W E P A C E
A G N Y A W I Q D J A S T W
C G B N O U S T R R R E I H
I N I P T U C K I O T Y C E
H H D O O G I E H O W S E R
C O W L A D O C T O R S A E
```

Solution on Page 309

SOAP OPERAS

ALL MY CHILDREN

ANOTHER WORLD

AS THE WORLD TURNS

DALLAS

DAYS OF OUR LIVES

DYNASTY

FALCON CREST

FIRST LOVE

GENERAL HOSPITAL

GUIDING LIGHT

KNOTS LANDING

MELROSE PLACE

ONE LIFE TO LIVE

PASSIONS

PEYTON PLACE

PORT CHARLES

RYANS HOPE

SANTA BARBARA

SISTERS

SOAP

```
A H E C A L P E S O R L E M
R P P V S O A P N D N A D H
A E O T I S S X O A E T L G
B Y H H S E T F I Y R I R N
R T S G T L H A S S D P O I
A O N I E R E L S O L S W D
B N A L R A W C A F I O R N
A P Y G S H O O P O H H E A
T L R N M C R N L U C L H L
N A T I D T L C B R Y A T S
A C R D A R D R W L M R O T
S E V I L O T E F I L E N O
V R H U L P U S Y V L N A N
F M C G A S R T E E A E I K
R G Y T S A N Y D S C G N U
S F Z F I R S T L O V E Q B
```

Solution on Page 309

POPULAR SITCOMS

BECKER

BIG BANG THEORY

BOSOM BUDDIES

CHEERS

COACH

DEAR JOHN

ELLEN

FRASIER

FRIENDS

GOLDEN GIRLS

JOEY

JUST SHOOT ME

MAD ABOUT YOU

MORK AND MINDY

MY NAME IS EARL

NEWS RADIO

SEINFELD

SPIN CITY

TAXI

THE JEFFERSONS

THREES COMPANY

TWO AND A HALF MEN

UGLY BETTY

WILL AND GRACE

WINGS

```
S  S  B  H  N  E  W  S  R  A  D  I  O  U
B  P  F  R  A  S  I  E  R  P  Y  G  T  G
R  I  E  C  M  T  L  M  E  Y  D  Y  A  L
J  N  G  A  Y  W  L  T  K  T  N  N  X  Y
S  C  O  B  N  O  A  O  C  H  I  A  I  B
E  I  L  O  A  A  N  O  E  E  M  P  M  E
I  T  D  S  M  N  D  H  B  J  D  M  A  T
N  Y  E  O  E  D  G  S  T  E  N  O  D  T
F  C  N  M  I  A  R  T  N  F  A  C  A  Y
E  H  G  B  S  H  A  S  H  F  K  S  B  S
L  E  I  U  E  A  C  U  O  E  R  E  O  D
D  E  R  D  A  L  E  J  J  R  O  E  U  N
C  R  L  D  R  F  A  V  R  S  M  R  T  E
N  S  S  I  L  M  H  C  A  O  C  H  Y  I
Z  J  O  E  Y  E  L  L  E  N  T  T  O  R
M  V  Z  S  G  N  I  W  D  S  Q  H  U  F
```

Solution on Page 309

REALITY

AMAZING RACE

AMERICAN CHOPPER

AMERICAN IDOL

APPRENTICE

AVERAGE JOE

BACHELOR

BIG BROTHER

BIGGEST LOSER

BOOT CAMP

BRAT CAMP

COPS

EXTREME MAKEOVER

FEAR FACTOR

MAKING THE BAND

MYTHBUSTERS

PUNKD

REAL WORLD

SIMPLE LIFE

SUPERNANNY

SURVIVOR

WIFE SWAP

```
L H S R E F I L E L P M I S
O G U E C R I N X R P Q D P
D P R P I E U T T E A S R M
I Y V P T S F S R H L U E A
N M I O N O E R E T B P A C
A E V H E L A E M O B E L T
C O O C R T R T E R O R W A
I J R N P S F S M B O N O R
R E C A P E A U A G T A R B
E G D C A G C B K I C N L A
M A K I N G T H E B A N D C
A R N R V I O T O S M Y R H
X E U E K B R Y V I P G Q E
B V P M J I K M E T T O A L
F A M A Z I N G R A C E C O
K N P A W S E F I W N S K R
```

Solution on Page 309

VARIETY TV

CAROL BURNETT
CHAPPELLE SHOW
CONAN OBRIEN
DAILY SHOW
DAVID LETTERMAN
ED SULLIVAN
ELLEN
IN LIVING COLOR
JAY LENO
JIMMY FALLON
JOHNNY CARSON
KIDS IN THE HALL
LAUGH IN
MAD TV
MILTON BERLE
REGIS AND KELLY
SATURDAY NIGHT

SOUL TRAIN
THE TONIGHT SHOW

```
E D S U L L I V A N U Y M M
F N A Z A E K W W E N J A H
J S T N U L C O Y G A A D N
A K U V G L A H L C M I T I
Y E R J H E R S L H R N V A
L L D O I N O T E A E L J R
E R A H N E L H K P T I I T
N E Y N W I B G D P T V M L
O B N N O R U I N E E I M U
J N I Y H B R N A L L N Y O
Y O G C S O N O S L D G F S
H T H A Y N E T I E I C A K
P L T R L A T E G S V O L X
K I D S I N T H E H A L L Q
P M X O A O C T R O D O O L
L W Q N D C N T B W O R N W
```

Solution on Page 310

GAME SHOWS

BEAT THE GEEKS
BIG SPIN
COUNTDOWN
DATING GAME
DEAL OR NO DEAL
DOUBLE DARE
FAMILY FEUD
GONG SHOW
JEOPARDY
JOKERS WILD
LINGO
LOVE CONNECTION
MATCH GAME
NAME THAT TUNE
NEWLYWED GAME
PRESS YOUR LUCK
PRICE IS RIGHT
PYRAMID
SCRABBLE

WEAKEST LINK
WHEEL OF FORTUNE

```
B E N U T T A H T E M A N S
B P R I C E I S R I G H T K
W D K N I L T S E K A E W E
E U G O N G S H O W A P N E
M E Y I P Y R A M I D U W G
A F D T E M A G H C T A M E
G Y R C E L B B A R C S C H
D L A E D O N R O L A E D T
E I P N T K W F L I N G O T
W M O N D Y F Y R M E R B A
Y A E O D O U B L E D A R E
L F J C L A B N I P S G I B
W P R E S S Y O U R L U C K
E H E V D A T I N G G A M E
N H C O U N T D O W N V I X
W R D L I W S R E K O J J M
```

Solution on Page 310

FAMILY SETTINGS

ALL IN THE FAMILY

AMEN

BENSON

BRADY BUNCH

COSBY SHOW

EMPTY NEST

FAMILY MATTERS

FAMILY TIES

FULL HOUSE

GEORGE LOPEZ

GROWING PAINS

HAPPY DAYS

KING OF QUEENS

MAMAS FAMILY

PARTY OF FIVE

REBA

ROSEANNE

SILVER SPOONS

STEP BY STEP

WHOS THE BOSS

WONDER YEARS

YES DEAR

```
N T S I F U L L H O U S E N
A H A P P Y D A Y S T O C O
W L R O S E A N N E M P X S
S I L V E R S P O O N S Z N
H S N I A P G N I W O R G E
K S W O N D E R Y E A R S B
Q S R E T T A M Y L I M A F
C O S B Y S H O W L A B E R
X B G E O R G E L O P E Z N
Y E S N E E U Q F O G N I K
E H Y L I M A F S A M A M A
S T E P B Y S T E P M X B X
D S Y P A R T Y O F F I V E
E O T S E N Y T P M E V L C
A H C N U B Y D A R B P N Y
R W S F A M I L Y T I E S W
```

Solution on Page 310

CARTOONS

ANIMANIACS

BUGS AND DAFFY

CARE BEARS

CASPER

FAMILY GUY

FLINTSTONES

GARFIELD

GUMBY

HE MAN

JETSONS

KING OF THE HILL

LOONEY TUNES

PINK PANTHER

POPEYE

RICHIE RICH

SCOOBY DOO

SIMPSONS

SMURFS

SOUTH PARK

SPEED RACER

TAZ MANIA

TOM AND JERRY

TRANSFORMERS

YOGI BEAR

```
K S C A R E B E A R S N U C
R I M B Y U G Y L I M A F A
M S N U Y G S E A C S M S S
L C X G R N N P R H E E I P
S O S S O F O O M I N H M E
C O O A R F S P Y E O G P R
A B U N A Q T S R R T A S E
I Y T D E R E H R I S R O C
N D H D B Y J D E C T F N A
A O P A I B T V J H N I S R
M O A F G M E U D O I E X D
I K R F O U I E N G L L T E
N V K Y Y G Y Z A E F D L E
A I N A M Z A T M L S E G P
V P T R A N S F O R M E R S
P P I N K P A N T H E R O M
```

Solution on Page 310

CRIME DRAMAS

ALIAS
BARETTA
BARNEY MILLER
BOSTON LEGAL
CHARLIES ANGELS
CLOSER
COLD CASE
COLUMBO
CSI MIAMI
DRAGNET
HUNTER
JUDGING AMY
LA LAW
LAW AND ORDER
MATLOCK
MOD SQUAD
MURDER ONE
NCIS
NUMBERS
NYPD BLUE

PRISON BREAK
RESCUE ME
ROCKFORD FILES
SHIELD
STARSKY AND HUTCH
SWAT
WITHOUT A TRACE

```
N U M B E R S D H U N T E R
L T E P B C Q R C P T M S E
W I T H O U T A T R A C E S
W M L I S M Y G U I W R L C
B A R E T T A N H S S E I U
C I L L O A E E D O G L F E
V M D A N J N T N N C L D M
B I M W L U O E A B L I R E
A S O A E D R S Y R O M O M
O C D N G G E A K E S Y F A
B D S D A I D C S A E E K T
M L Q O L N R D R K R N C L
U E U R I G U L A S C R O O
L I A D A A M O T I Z A R C
O H D E S M E C S Z X B N K
C S H R N Y P D B L U E X M
```

Solution on Page 311

CLASSIC TV

ADDAMS FAMILY

ANDY GRIFFITH

BEWITCHED

BONANZA

DICK VAN DYKE

DRAGNET

FLYING NUN

GET SMART

GIDGET

GILLIGANS ISLAND

GUNSMOKE

HOGANS HEROES

HONEYMOONERS

I LOVE LUCY

LASSIE

LEAVE IT TO BEAVER

MCHALES NAVY

MISTER ED

MUNSTERS

MY THREE SONS

RAWHIDE

TWILIGHT ZONE

```
S D R Y E I S S A L V N G G
J N E V X I L O V E L U C Y
J A V A Z N A N O B I M L U
G L A N D Y G R I F F I T H
I S E S I G G S K D M S W O
D I B E C E U N Y A U T I G
G S O L K T N O F D N E L A
E N T A V S S S L E S R I N
T A T H A M M E Y H T E G S
E G I C N A O E I C E D H H
N I E M D R K R N T R I T E
G L V D Y T E H G I S H Z R
A L A H K Q S T N W S W O O
R I E Y E T S Y U E B A N E
D G L O T C K M N B X R E S
Q S R E N O O M Y E N O H O
```

Solution on Page 311

CHAPTER 4

FROM SEA TO SHINING SEA
U.S. PRESIDENTS

ADAMS

ARTHUR

BUSH

CARTER

CLEVELAND

CLINTON

COOLIDGE

EISENHOWER

FILLMORE

FORD

GARFIELD

GRANT

HARDING

HARRISON

HAYES

HOOVER

JACKSON

JEFFERSON

JOHNSON

KENNEDY

LINCOLN

MADISON

MCKINLEY

MONROE

NIXON

OBAMA

PIERCE

POLK

REAGAN

ROOSEVELT

TAFT

TAYLOR

TRUMAN

VAN BUREN

WASHINGTON

WILSON

```
H A Y E S E C R E I P A T T
N I X O N N O T N I L C R Z
E G D I L O O C X H S U B D
Z A D A M S T F A T M T F E
S H A R D I N G D A R L K I
J E F F E R S O N V N E R S
A R T H U R B N A I N V E E
C E Y A X A R N L N H E T N
K A G E M H B E E Q J S R H
S G J A L U P D V N N O A O
O A O H R N Y O E O L O C W
N N H E U F I L L M O R E E
M O N R O E I K C K C H D R
N O S I D A M E C T N A R G
H R O L Y A T P L M I K O S
K G N O S L I W W D L A F V
```

Solution on Page 311

STATES

ALABAMA

ALASKA

ARIZONA

ARKANSAS

CALIFORNIA

COLORADO

DELAWARE

FLORIDA

GEORGIA

HAWAII

IDAHO

ILLINOIS

INDIANA

IOWA

KANSAS

KENTUCKY

LOUISIANA

MAINE

MARYLAND

MICHIGAN

MINNESOTA

MISSOURI

MONTANA

NEBRASKA

NEVADA

NEW JERSEY

NEW MEXICO

NEW YORK

OHIO

OKLAHOMA

OREGON

TEXAS

UTAH

VERMONT

VIRGINIA

```
A N A I D N I O R E G O N S
D T O H A D I R O L F K D A
X M C E L P N O K B C L A I
N A A L A S K A H U O A N I
G I N C B C Q D L U L H A A
E N O S A X E T I Y O O T W
O E Z W M L Y S K N R M N A
R W I S A K I C E A A A O H
G Y R W T A U F K T D S M M
I O A H N T J S O R O I R I
A R K A N S A S D R Y O E S
E K Y E S R E J W E N N V S
U O K R B N E W M E X I C O
T O H E N E V A D A K L A U
A I N I G R I V E J D L W R
H S M T O N A G I H C I M I
```

Solution on Page 311

GOVERNMENT

ATTORNEY GENERAL
BRANCHES
CAPITOL
CHIEF OF STAFF
CONGRESS
CONSTITUTION
DEMOCRACY
EXECUTIVE
GOVERNORS
JUDICIAL
LAWS
LEGISLATIVE
LIBERTY
POLITICS
PRESIDENT
SECRETARY
SENATE
SENATORS
SPEAKER
SUPREME COURT

TREASURY
UNITED STATES
WASHINGTON DC
WHITE HOUSE

```
D C K L E G I S L A T I V E
G D J E S U O H E T I H W X
U N I T E D S T A T E S B E
G O V E R N O R S O S E R C
N T Y E R O L U A R R C A U
F G R X C I I O P N O R N T
S N U Y A T B C R E T E C I
S I S C P U E E E Y A T H V
E H A A I T R M S G N A E E
R S E R T I T E I E E R S T
G A R C O T Y R D N S Y E A
N W T O L S H P E E U S A N
O T I M W N O U N R W A S E
C H I E F O F S T A F F G S
M J U D I C I A L L E P C I
P O L I T I C S P E A K E R
```

Solution on Page 312

EVENTS IN HISTORY

ASSASSINATION

BILL OF RIGHTS

BUNKER HILL

CIVIL RIGHTS

CIVIL WAR

COLD WAR

DECLARATION

DEPRESSION

DESERT STORM

EQUAL RIGHTS

GETTYSBURG

GOLD RUSH

MARKET CRASH

MAYFLOWER

PANAMA CANAL

PEARL HARBOR

ROE VS WADE

VALLEY FORGE

WALK ON MOON

WATERGATE

WHITEWATER

```
G R U B S Y T T E G V S R P
W R A W D L O C I Q M S P A
K G V A L L E Y F O R G E N
B S W A L K O N M O O N A A
Z I L D E S E R T S T O R M
E L L I H R E K N U B I L A
D E C L A R A T I O N T H C
A E I G O L D R U S H A A A
W D M A Y F L O W E R N R N
S P E T A G R E T A W I B A
V C I V I L R I G H T S O L
E E Q U A L R I G H T S R J
O R E T A W E T I H W A W L
R A W L I V I C X A T S Q I
N O I S S E R P E D N S M D
I F H S A R C T E K R A M H
```

Solution on Page 312

NATIONAL PARKS

ACADIA

BADLANDS

BIG BEND

CRATER LAKE

DEATH VALLEY

EVERGLADES

GLACIER

GRAND CANYON

GRAND TETON

GREAT BASIN

HOT SPRINGS

ISLE ROYALE

JOSHUA TREE

KINGS CANYON

LAKE CLARK

MESA VERDE

MOUNT RAINIER

OLYMPIC

REDWOOD

ROCKY MOUNTAIN

SEQUOIA

SHENANDOAH

YELLOWSTONE

ZION

```
Z Y E L L O W S T O N E F A
I E L A Y O R E L S I U N O
O F S C R A T E R L A K E B
N O M S G N I R P S T O H I
O L A K E C L A R K N A E G
T S E Q U O I A W O U I V B
E X I E C I P M Y L O D E E
T I B A D L A N D S M A R N
D E A T H V A L L E Y C G D
N O Y N A C S G N I K A L G
A L R E D W O O D N C G A L
R E I N I A R T N U O M D A
G Z A J O S H U A T R E E C
G R E A T B A S I N U E S I
G Z E E D R E V A S E M K E
T A F S H E N A N D O A H R
```

Solution on Page 312

MOVERS & SHAKERS

ALCOTT

ALI

ANTHONY

ARMSTRONG

BELL

CHAPLIN

COLUMBUS

DISNEY

EDISON

EINSTEIN

FITZGERALD

FORD

FRANKLIN

FROST

GATES

HANCOCK

HEARST

HOOVER

JACKSON

JEFFERSON

KELLER

KENNEDY

KING

LEWIS AND CLARK

LINCOLN

MONROE

PARKS

TUBMAN

WASHINGTON

WINFREY

```
J  N  U  G  H  W  N  A  M  B  U  T  D  J
M  B  D  N  Q  O  A  V  E  K  L  L  S  E
L  E  W  I  S  A  N  D  C  L  A  R  K  M
P  A  R  K  S  I  X  O  D  R  L  I  Y  O
W  P  C  N  Q  N  C  X  E  K  C  N  D  N
C  A  C  K  L  N  E  G  H  O  O  V  E  R
J  O  S  R  A  O  Z  Y  F  H  T  J  N  O
H  A  L  H  L  T  C  W  T  O  T  A  N  E
L  R  L  U  I  T  I  N  T  S  R  A  E  H
R  P  E  F  M  N  A  I  I  M  O  D  K  L
M  I  B  L  F  B  G  E  S  L  I  R  B  V
R  U  F  R  L  H  U  T  E  S  P  G  F  F
Z  J  E  F  F  E  R  S  O  N  W  A  H  O
J  Y  P  F  L  O  K  N  E  N  E  T  H  Z
Z  F  R  A  N  K  L  I  N  V  U  E  L  C
J  K  A  G  R  P  J  E  I  D  D  S  C  H
```

Solution on Page 312

MILITARY

AIR FORCE

AIRMAN

AMMUNITION

ARMY

ARTILLERY

BARRACKS

CAMOUFLAGE

CAPTAIN

CHIEF

CLASS

COAST GUARD

COLONEL

COMBAT

CORPORAL

DRILLS

FIRST CLASS

FOX HOLES

GENERAL

LIEUTENANT

MAJOR

MARINES

MILITARY BASE

MISSILES

NAVY

OFFICER

POST

PRIVATE

RANK

RECRUIT

SEAMAN

SERGEANT

SHIPYARD

TANK

```
T S O P I V U C F U T A N K
C E A I R M A N I A T P A C
R A S H I P Y A R D N W V O
E M M A C O R P O R A L Y L
C A V O B L E Z C I N P N O
I N Z Z U Y L I O L E C O N
F E C R O F R I A L T W I E
F I R S T C L A S S U Z T L
O O C O K Y T A T A E M I A
P C X V J C M I G I I A N R
F E I H C A A R U E L R U E
T A B M O C M R A R K I M N
Q A R T I L L E R Y C N M E
M I S S I L E S D A N E A G
T N A E G R E S O K B S R R
Q P R I V A T E H I T O M T
```

Solution on Page 313

FIRST LADIES

ABIGAIL

ANNA

BARBARA

BETTY

CAROLINE

CLAUDIA

DOLLEY

EDITH

ELEANOR

ELIZABETH

FLORENCE

FRANCES

GRACE

HARRIET

HELEN

HILLARY

IDA

JACKIE

JANE

JULIA

LAURA

LETITIA

LOU

LOUISA

LUCRETIA

LUCY

MAMIE

MARGARET

MARTHA

MARY

MICHELLE

NANCY

PATRICIA

RACHEL

ROSALYNN

SARAH

THELMA

```
Z F H P J N G Z Z Y H U T C
M A S L A U R A H T R A M E
J R P L N N A Y T H L A I S
H F B O E J C L E E W M M A
J T A U M T E N B L A I I R
F X R I F H I D A M L D R A
R H B S C L H T Z A U O L H
A L A A O I O Y I A N N D W
N P R R J E R R L A I L U J
C N A I R A L C E Y C U L L
E C Y T L I C L B N V C N K
S D W L R D E K E E C R A M
A B I G A I L T I H T E N C
N H D T I S C U M E C T C F
N E L E H W O I C D X I Y Q
A Y T T M T E R A G R A M D
```

Solution on Page 313

TOURIST ATTRACTIONS

ALAMO

ALCATRAZ

ARLINGTON

CARNEGIE HALL

CENTRAL PARK

CHINESE THEATER

GRACELAND

GRAND CANYON

HOLLYWOOD SIGN

LIBERTY BELL

MT RUSHMORE

NIAGARA FALLS

PEARL HARBOR

ROCKEFELLER

SEARS TOWER

SPACE NEEDLE

ST LOUIS ARCH

STATUE OF LIBERTY

TIMES SQUARE

WRIGLEY FIELD

```
T E L D E E N E C A P S K R
S E R A U Q S S E M I T Q E
W L L A H E I G E N R A C T
D W Z A R T A C L A I T H A
C R E W O T S R A E S U Z E
E I R O B R A H L R A E P H
N G I S D O O W Y L L O H T
T L N O T G N I L R A F X E
R E N I A G A R A F A L L S
A Y L L E B Y T R E B I L E
L F A L A M O C I R L B S N
P I R O C K E F E L L E R I
A E W S T L O U I S A R C H
R L U E R O M H S U R T M C
K D K G R A N D C A N Y O N
G Y O D N A L E C A R G Q L
```

Solution on Page 313

STATE CAPITOLS

ALBANY
ATLANTA
AUGUSTA
AUSTIN
BISMARCK
BOISE
BOSTON
CARSON CITY
CHEYENNE
COLUMBIA
COLUMBUS
CONCORD
DENVER
DES MOINES
DOVER
HARTFORD
HELENA
HONOLULU
JACKSON
JUNEAU

LANSING
LINCOLN
MADISON
NASHVILLE
OLYMPIA
PHOENIX
RALEIGH
SACRAMENTO
SANTA FE
ST PAUL
TOPEKA
TRENTON

```
Y Q P H O E N I X R E V O D
J V E Q A T N A L T A M L A
U M F K L H O N O L U L U V
N H A Y A J A K E P O T A F
E E T R N M U C C Y F P P C
A L N A S A C R A M E N T O
U E A L I D C A R D X H S L
N N S E N I O M S E D A C U
O A H I G S L S O N R R I M
T Y V G K O U I N V O T A B
S N I H Z N M B C E C F I I
O A L X E X B N I R N O P A
B B L A U G U S T A O R M G
D L E B O I S E Y G C D Y N
J A C K S O N L O C N I L K
N I T S U A Q T R E N T O N
```

Solution on Page 313

CHAPTER 5
VACATION DESTINATIONS
HAWAII

ALOHA

BEACH

COCONUT

HAWAII

HULA DANCE

ISLANDS

KAHOOLAWE

KAUAI

LANAI

LAVA

LEI

LUAU

MAHALO

MAUI

MOLOKAI

NIIHAU

OAHU

OCEAN

PALM TREE

PEARL HARBOR

PUKA SHELL

SNORKELING

SUNSET

SURFING

UKULELE

VOLCANO

WAIKIKI

WATERFALLS

```
G U A V K W W I U P R U L I
F E R I W D Z A U K L I S P
P L S E H R U K L A V A U S
E E R T M L A P N F M K N L
A L O H A S H A V T D O S L
R U A E H X I I X K R L E A
L K S E W A I K I K I O T F
H U L A D A N C E B W M V R
A L I O W E L L R E V C P E
R H J A G O I O Q A I U H T
B E H T U N O C O C S G O A
O G C S G A I A N H L L C W
R Z O T H C K F B W A B E P
O H B U U L W L R H N K A I
Q B B X H O P I A U D L N G
R R H R Y V V M L R S O K D
```

Solution on Page 314

CRUISE SHIPS

ALCOHOL
ANCHOR
BALCONY
BON VOYAGE
BOW
BUFFET
CABIN
CAPTAIN
CARIBBEAN
CASINO
DEBARK
DECKS
ENTERTAINMENT
FORMAL DINING
GALLEY
HEADING
OCEAN
PASSENGERS
POOL
PORTS

SHUFFLE BOARD
STATE ROOM
STEERAGE
STEAM
SUITES
VERANDA
WAITER
WINDWARD

```
K G T D N Y N O C L A B W R
R A N C H O R S O V O E F E
M A E T S D T H P A I O U T
O C M V Y E O U D E R S P I
V W N E E C P F T M T R W A
X V I R L K R F A A K E N W
X M A A L S C L T R G G I N
T G T N A D D E A A N N A W
E U R D G I R B Y I D E T K
F B E A N O E O D W C S P V
F G T I O D V A A O P S A S
U O N M R N E R N B C A C T
B G E I O H D D Y K Z P T R
N A E B B I R A C A S I N O
B W D D K A S U I T E S C P
L Q U Z W I C I T O E G C V
```

Solution on Page 314

CARIBBEAN ISLANDS

ANGUILLA

ARUBA

BAHAMAS

BARBADOS

BEACH

CARIBBEAN

CAYMAN ISLANDS

COLUMBIA

CRUISE

CUBA

GRENADA

GUADELOUPE

GULF OF MEXICO

HAITI

JAMAICA

NICARAGUA

PALM TREES

PUERTO RICO

RESORT

RUM

SEA

ST LUCIA

ST VINCENT

TOBAGO

VENEZUELA

WHITE SAND

```
T  S  B  Z  O  E  L  B  J  Q  I  C  C  T
E  R  V  C  V  A  S  A  M  A  H  A  B  O
H  H  O  Q  E  B  Z  I  G  W  Y  R  C  B
B  R  X  S  N  C  O  L  U  M  B  I  A  A
D  M  S  T  E  I  O  G  A  R  R  B  N  G
N  E  O  L  Z  R  C  N  H  O  C  B  R  O
F  P  S  U  U  I  A  T  D  Z  E  F  E
I  U  T  C  E  S  X  R  R  N  N  A  B  F
C  O  V  I  L  L  E  B  C  A  W  N  S  I
X  L  I  A  A  U  M  E  D  S  G  G  O  K
N  E  N  C  P  J  F  A  R  E  M  U  D  A
Z  D  C  I  C  R  O  C  I  T  S  I  A  H
S  A  E  A  U  G  F  H  T  I  M  L  B  Z
J  U  N  M  B  E  L  Y  I  H  S  L  R  U
P  G  T  A  A  B  U  R  A  W  V  A  A  G
X  U  G  J  Q  V  G  Q  H  H  T  S  B  P
```

Solution on Page 314

AUSTRALIA

ADELAIDE
BALLARAT
BRISBANE
CAIRNS
CROCODILES
DARWIN
DINGO
EMU
GEELONG
GREAT BARRIER REEF
HOBART
KANGAROO
KOALA
MELBOURNE
NEW SOUTH WALES
NEWCASTLE
OUTBACK
PERTH
QUEENSLAND
SYDNEY

TASMANIA
TOOWOOMBA
TOWNSVILLE
VICTORIA
WOMBAT

```
J  R  O  U  T  B  A  C  K  R  V  F  M  M
N  E  W  S  O  U  T  H  W  A  L  E  S  J
D  M  M  O  O  R  A  G  N  A  K  E  C  G
R  M  L  G  W  W  I  E  D  T  L  R  O  Q
T  M  X  K  O  M  R  E  U  I  C  R  U  B
P  L  F  M  O  E  O  L  D  H  A  E  R  H
X  K  B  M  M  L  T  O  L  L  E  I  T  S
W  A  A  U  B  B  C  N  M  N  S  R  N  K
T  A  L  O  A  O  I  G  S  B  E  R  O  L
W  T  L  L  R  U  V  L  A  P  I  A  X  C
R  R  A  C  U  R  A  N  U  A  L  B  I  Y
D  A  R  W  I  N  E  W  C  A  S  T  L  E
I  B  A  A  D  E  L  A  I  D  E  A  S  N
N  O  T  O  W  N  S  V  I  L  L  E  Y  D
G  H  I  A  I  N  A  M  S  A  T  R  M  Y
O  U  R  Y  F  P  I  A  G  B  B  G  J  S
```

Solution on Page 314

MEXICO

ACAPULCO

BEACHES

BURRITO

CANCUN

CERVEZA

COSTA ALEGRE

DURANGO

ENSENADA

FIESTA

GOLFING

GUADALAJARA

HERMOSILLA

HOLA

KAYAKING

MARGARITAS

MARIACHI

MONTERREY

PESO

PINATA

SHOPPING

SOMBRERO

SPANISH

SUNSET

TACOS

TAMPICO

TEQUILA

TIJUANA

```
T A M P I C O B R N B T R A
F S O C A T E U V K F E G T
Q M O N T E R R E Y A Q N A
B A C H R R G R V P K U I N
D U R A N G O I Q E L I K I
N F S G P E H T W S Z L A P
A C A P U L C O H O L A Y M
D L K E S A T I R A G R A M
E N S E N A D A R R K R K T
O F I E S T A A K G I S O E
H E R M O S I L L A B E P S
G N I P P O H S C A K H U N
B P K Z D C L H I T J C Q U
G Q G O L F I N G V S A N S
H S I N A P S O M B R E R O
D T I J U A N A Q U H B M A
```

Solution on Page 315

DISNEYLAND

CINDERELLA
DAISY DUCK
DONALD DUCK
DUMBO
FRONTIERLAND
GOOFY
HAUNTED MANSION
INDIANA JONES RIDE
MAIN STREET
MATTERHORN
MICKEY MOUSE
MINNIE MOUSE
PETER PAN
PIRATES
PLUTO
SLEEPING BEAUTY
SMALL WORLD
SNOW WHITE
SPACE MOUNTAIN
SPLASH MOUNTAIN

STAR TOURS
TINKER BELL

```
G V T I N K E R B E L L V S
Q N D N A L R E I T N O R F
H I S D O N A L D D U C K I
Y A R I K C U D Y S I A D E
Y T U A E B G N I P E E L S
N N O N E T C H U A Y S R U
R U T A T E I U X C F U O O
O O R J I E N O S E O O W M
H M A O H R D B E M O M L E
R H T N W T E M T O G Y L I
E S S E W S R U A U S E A N
T A O S O N E D R N I K M N
T L T R N I L D I T S C S I
A P U I S A L C P A W I B M
M S L D C M A D K I A M O E
V G P E T E R P A N O M V N
```

Solution on Page 315

EUROPE

ALBANIA
AUSTRIA
BELGIUM
BIG BEN
COLOSSEUM
DENMARK
EIFFEL TOWER
FINLAND
FRANCE
GERMANY
GREECE
HUNGARY
ICELAND
IRELAND
ITALY
LEANING TOWER
MONACO
NORWAY
POLAND
PORTUGAL

ROMANIA
RUSSIA
SPAIN
STONEHENGE
SWEDEN
SWITZERLAND
UNITED KINGDOM

```
M Y R A G N U H M R C R C D
L O H Q L O C A N O M U O E
Z T D N E B G I B M V S L N
B V N G A Y A Q S A L S O M
W P A Z N F L N W N E I S A
Y Y L B I I X A I I X A S R
D E E S N N K U T A O F E K
N F C T G L N D Z I P W U W
A E I O T A Q L E R O S M B
L F C N O N P O R T U G A L
E R L E W D N I L S I Y A N
R A V H E S G E A U L N O E
I N L E R R F W N A Y R U D
C C J N Q F G B D B W Y Y E
B E L G I U M D N A L O P W
V G G E R M A N Y M G V I S
```

Solution on Page 315

NEW ENGLAND

ACADIA PARK
BOSTON
BURLINGTON
CAPE COD
CONNECTICUT
HARTFORD
MAINE
MANCHESTER
MARTHAS VINEYARD
MASSACHUSETTS
NANTUCKET
NEW HAMPSHIRE
NEW HAVEN
PATRIOTS
PLYMOUTH
PORTLAND
PROVIDENCE
RHODE ISLAND
SALEM
VERMONT

WHITE MOUNTAINS
WORCESTER

```
A N Z K R A P A I D A C A J
K E C N E D I V O R P A I D
D W X D R O F T R A H P R N
R H L N I R B H T Y W E H A
E A Y A H O U N U E B C O L
T V Y N S H R G C N S O D T
S E C T P F L P I I T D E R
E N O U M S I L T V O A I O
C N Z C A A N Y C S I J S P
R X N K H L G M E A R S L O
O J X E W E T O N H T O A O
W H I T E M O U N T A I N S
W T O E N X N T O R P C D J
K S T T E S U H C A S S A M
R E T S E H C N A M A I N E
P T N O M R E V J O F U Z Q
```

Solution on Page 315

BEACHES

CATALINA
CLEARWATER
COCOA BEACH
DAYTONA
DESTIN
EL SEGUNDO
FORT LAUDERDALE
FORT MYERS
HERMOSA
KEY WEST
LONG BEACH
MALIBU
MIAMI
NAPLES
ORLANDO
PALOS VERDE
PENSACOLA
PLAYA DEL REY
REDONDO
SAN PEDRO

SANTA MONICA
SARASOTA
TAMPA
TORRANCE
VENICE

```
X  T  Z  R  P  A  L  O  S  V  E  R  D  E
I  H  Y  W  E  C  I  N  E  V  Z  N  L  W
M  T  C  E  D  J  E  K  H  D  V  A  Q  C
U  A  L  A  R  F  L  D  C  W  D  P  D  A
K  P  L  C  E  L  S  H  A  R  U  L  E  D
S  J  E  I  S  B  E  K  E  Y  W  E  S  T
R  P  O  N  B  N  G  D  B  H  T  S  T  A
E  E  K  O  A  U  U  N  A  K  M  O  I  M
Y  N  T  M  A  A  N  B  O  Y  I  O  N  P
M  S  O  A  L  T  D  C  C  L  A  R  J  A
T  A  R  T  W  Y  O  X  O  V  M  L  K  S
R  C  R  N  W  R  H  S  C  W  I  A  P  O
O  O  A  A  T  C  A  T  A  L  I  N  A  M
F  L  N  S  A  N  P  E  D  R  O  D  W  R
J  A  C  Z  R  W  X  T  L  P  A  O  K  E
G  R  E  D  O  N  D  O  C  C  I  S  Z  H
```

Solution on Page 316

UNITED STATES

ANCHORAGE

ATLANTA

ATLANTIC CITY

BOSTON

BRANSON

CHICAGO

HONOLULU

KEY WEST

LAS VEGAS

LOS ANGELES

MIAMI

NAPA

NASHVILLE

NEW ORLEANS

NEW YORK

NIAGARA FALLS

OAHU

ORLANDO

PALM SPRINGS

PORTLAND

RENO

SAN DIEGO

SAN FRANCISCO

SANTA BARBARA

SAVANNAH

SEATTLE

ST LOUIS

WASHINGTON DC

```
P Y V C R N O T S O B T A U
N B T H A N N A V A S Y H P
P R R I N F O T O S L A S C
H A E C C A G L C A O N G D
O N N A H C E A S N S D N N
N S O G O N I N I T A F I O
O O C O R E D T C A N A R T
L N J N A W N A N B G P P G
U O C A G O A S A A E O S N
L R S S E R S E R R L R M I
U L I H R L F A F B E T L H
M A U V F E F T N A S L A S
  I N O I E A S T A R N A P A
A D L L L N O L S A A N X W
M O T L A S V E G A S D I S
  I T S E W Y E K R O Y W E N
```

Solution on Page 316

CHAPTER 6
LET'S CELEBRATE!
WEDDINGS

BEST MAN
BOUQUET
BRIDE
CAKE
CHAMPAGNE
CHURCH
DANCING
DINNER
DRESS
FAMILY
FLOWERS
FRIENDS
GOWN
GROOM
HONEYMOON
IN LAWS
INVITATIONS
LIMOUSINE
MAID OF HONOR
MINISTER

PHOTOGRAPHER
PICTURES
RECEPTION
RINGS
TOAST
TUXEDO
VEIL
VOWS
WEDDING PARTY
WINE

```
P  W  V  E  I  L  I  M  O  U  S  I  N  E
I  W  K  B  W  G  A  S  D  N  E  I  R  F
C  R  E  C  E  P  T  I  O  N  F  S  A  H
T  P  O  E  C  S  F  I  I  S  Z  G  O  V
U  M  H  N  A  Z  T  W  D  G  X  N  D  I
R  C  E  O  O  A  V  M  Q  L  E  I  E  E
E  E  T  A  T  H  B  M  A  Y  N  R  X  F
S  O  T  I  N  O  F  O  M  N  G  V  U  A
J  W  V  S  U  W  G  O  E  F  A  A  T  M
Z  N  O  Q  I  R  O  R  D  D  P  W  U  I
I  D  U  V  C  N  I  G  A  I  M  M  E  L
H  E  W  E  D  D  I  N  G  P  A  R  T  Y
T  H  C  R  U  H  C  M  L  V  H  M  A  I
V  V  E  B  R  I  D  E  K  A  C  E  S  Z
D  S  A  I  N  G  B  F  L  O  W  E  R  S
S  N  N  G  Z  F  W  N  N  Q  L  S  F  T
```

Solution on Page 316

CHRISTMAS

BELLS
BOWS
CARDS
CAROLS
CHESTNUTS
CHIMNEY
CHRISTMAS TREE
COOKIES
DECEMBER
DECORATIONS
DESSERTS
EGGNOG
ELVES
FAMILY
FROSTY
GARLAND
GIFTS
GINGERBREAD
JOLLY
LIGHTS

NOEL
ORNAMENTS
PEACE
REINDEER
SANTA CLAUS
SCROOGE
SHOPPING
SLEIGH
SNOWMAN
SPIRIT
STAR
STOCKINGS
TIDINGS
TINSEL
WREATH

```
E C A E P J Y L L O J I J G
N S A L I G H T S D R A C A
E L N A M W O N S Y E H O R
G E E D G I F T S O I B O L
G I R O A Q R J U M R H K A
N G S T N E M A N R O F I N
O H Z T S A R E B M E C E D
G T R S A A Y B E L L S S A
S I E C N R M W R E A T H S
P D I S T U N T S E H C M C
I I N C A R O L S B G Y P R
R N D E C O R A T I O N S O
I G E Y L I M A F Q R W I O
T S E N A G N I P P O H S G
Y V R E U T I N S E L R C E
E L V E S T O C K I N G S W
```

Solution on Page 316

PROM

BAND
BOUTONNIERE
BOYFRIEND
CHAPERONE
CORSAGE
CUMMERBUND
DANCE HALL
DANCING
DATE
DECORATIONS
DISC JOCKEY
DRESS
FLOWERS
FRIENDS
GIRLFRIEND
HIGH SCHOOL
KING
LIGHTS
LIMOUSINE
MUSIC

PARTY
PICTURES
QUEEN
THEME
TIARA
TUXEDO
YEARBOOK

```
V V L T U S T H G I L Q E Q
M H P D Y G K I C L Y T G C
U C F Q E C T I A R A O N J
S R R D R S H H Y D O W I G
I S T D E Y E A R B O O K I
C J U D I C T R P I J Q F R
R D X N N S O R U E W U W L
N A E A N U C R A T R I O F
T N D B O U B J A P C O L R
E C O B T V D R O T H I N I
L I M O U S I N E C I F P E
W N F L O W E R S M K O N N
T G B L B J U H H S M E N D
X C O R S A G E O V E U Y S
B O Y F R I E N D U B R C W
I E M E H T D W Q X Y A D G
```

Solution on Page 317

THANKSGIVING

AUTUMN
BLESSING
COBBLER
CRANBERRIES
DRESSING
FAMILY
FOOTBALL
GATHERING
GIBLET
GIVING THANKS
GRAVY
GREEN BEANS
INDIANS
MASHED POTATOES
NOVEMBER
PARADE
PILGRIMS
PUMPKIN PIE
ROLLS
SAGE

SQUASH
THURSDAY
TRAVEL
TURKEY
WISHBONE
YAMS

```
P  Q  P  X  T  H  U  R  S  D  A  Y  M  S
F  Y  N  T  U  R  K  E  Y  D  R  H  E  M
B  A  M  B  T  E  G  R  A  V  Y  O  H  I
E  M  M  G  G  N  I  R  E  H  T  A  G  R
K  S  E  I  R  R  E  B  N  A  R  C  K  G
G  L  S  V  L  E  A  U  T  U  M  N  P  L
F  L  E  I  G  Y  E  O  Q  A  Q  N  I  I
P  O  N  N  E  I  P  N  I  K  P  M  U  P
L  R  O  G  R  D  B  G  B  A  S  B  H
D  S  B  T  E  E  R  L  I  E  R  K  L  E
N  Q  H  H  B  T  L  E  E  B  A  Q  E  E
S  U  S  A  M  A  R  B  S  T  D  N  S  X
T  A  I  N  E  M  L  A  B  S  E  G  S  Q
M  S  W  K  V  A  G  L  V  O  I  Q  I  V
V  H  J  S  O  E  W  C  Z  E  C  N  N  S
F  A  P  S  N  A  I  D  N  I  L  B  G  C
```

Solution on Page 317

BABY SHOWER

BABY CLOTHES
BALLOONS
BANNER
BLANKET
BOTTLES
BOY
CAKE
CAR SEAT
CRIB
DECORATIONS
DIAPERS
FAMILY
FAVORS
FOOD
FRIENDS
GAMES
GIFTS
GIRL
GUESTS
HOSTESS

INVITATIONS
MOM TO BE
PACIFIER
PLAY PEN
THEME
TOYS
TWINS

```
T  F  Q  G  A  M  E  S  F  D  R  F  A  Y
L  W  S  E  U  B  O  Z  A  A  U  D  D  Q
N  J  S  E  A  E  L  M  O  S  V  H  A  H
G  S  Z  N  L  U  S  C  T  N  T  O  Y  S
C  I  N  V  I  T  A  T  I  O  N  S  R  N
A  E  R  O  D  W  T  P  S  I  B  T  A  S
R  C  R  L  O  U  T  O  L  T  H  E  M  E
S  E  H  T  O  L  C  Y  B  A  B  S  S  C
E  R  I  Q  F  C  L  I  W  R  Y  S  D  B
A  R  E  F  F  B  R  A  S  O  L  P  N  L
T  P  W  P  I  C  V  T  B  C  I  F  E  A
U  S  E  K  A  C  F  P  G  E  M  H  I  N
J  J  W  Q  G  I  A  P  A  D  A  R  R  K
G  W  C  O  G  E  D  P  D  J  F  Z  F  E
B  P  E  A  W  Z  O  M  C  G  M  H  D  T
E  R  B  T  V  K  N  I  X  V  M  T  X  I
```

Solution on Page 317

WEDDING ANNIVERSARY

BABYSITTER
BEST FRIENDS
CANDLES
CHAMPAGNE
CHINA
CRYSTAL
DIAMOND
DINNER
EMERALD
FLOWERS
GIFTS
GOLD
HUSBAND
JEWELRY
LACE
LOVE
MARRIAGE
MOVIE
PARTNERS
PEARLS

PLATINUM
ROSES
RUBY
SAPPHIRE
SILVER
WEDDING
WIFE
WINE

```
A T Y Y Q K S D T W F B G E
J A S B L C H A M P A G N E
Z D D U S A S K B B I I H
Y E D P N R S N Y C W F D U
E F L O W E R S D Y D T D N
O H N M U N I T A L P S E M
E T V A K T M R O S E S W C
M K S I T R Y G F M H S R K
F A D E C A L V F T U Y G X
R E R I H P P A S C S J X W
E M E R A L D L T T B E K U
V A N I I M R C A T A W B W
L L N W V A O L U Z N E O Z
I R I I E O G N O D D L N R
S F D P H W M E D V C R O C
E T K Q M C R P Z F E Y A L
```

Solution on Page 317

FOURTH OF JULY

AMERICA

APPLE PIE

BARBECUE

BASEBALL

BLUE

COLONIES

DECLARATION

FAMILY

FESTIVE

FIREWORKS

FREEDOM

FRIENDS

FLAG

HOT DOG

INDEPENDENCE DAY

JULY

PARADE

PATRIOTIC

PICNIC

RED

SPARKLERS

STARS

STRIPES

SUMMER

THIRTEEN

UNITED STATES

WHITE

```
V W Y L U J T Z Y P A L U B
S T A R S L R X A C A F H K
U C D L P A T R I O T I C O
S I E D S P A R K L E R S H
T T C H P D E R N S E D W
N O N R E M W H O E T W N R
W K E G A L F T I A R O E E
G O D T O H H N T M I R I M
V B N W X I O S A L P K R M
Z A E G R L D P R E E S F U
P R P T O E P A A V S G K S
I B E C T L E Y L I M A F T
C E D I E U U M C T J V W S
N C N P L L A B E S A B I A
I U I B K E M O D E E R F W
C E T I H W O U K F S N X J
```

Solution on Page 318

HIGH SCHOOL GRADUATION

ADULTHOOD
ANNOUNCEMENTS
BACCALAUREATE
CAP
CEREMONY
CLASS RING
COLLEGE
COMMENCEMENT
DIPLOMA
EDUCATION
GIFTS
GOWN
HIGH SCHOOL
HONORS
JUNE
PRINCIPAL
SCHOLARSHIP
SENIORS
SUMMER
STUDENTS

TASSEL
TEACHERS
VALEDICTORIAN
YEARBOOK

```
Y E A R B O O K N T J E H I
G K T N E M E C N E M M O C
C N D A O G T H L A I Y N A
K W I I V I A T D C N R O P
L O P R D F E A N H O E R F
L G L O S T R S O E Q M S Y
O D O T Y S U S I R L M C V
O O M C Y T A E T S H U H M
H O A I N U L L A M M S O S
C H E D O D A C C B R E L R
S T N E M E C N U O N N A P
H L U L E N C C D E C I R R
G U J A R T A S E T Q O S Y
I D F V E S B S G W Z R H Y
H A L S C O L L E G E S I N
D X H C L A P I C N I R P I
```

Solution on Page 318

EASTER

BASKETS
BIBLE
CANDY
CHOCOLATE
CHURCH
COLORED EGGS
DYE
EASTER BUNNY
EASTER DRESS
EGG HUNT
FAMILY
FEAST
FESTIVE
FLOWERS
FOOD
GAMES
GIFTS
GOOD FRIDAY
JELLY BEANS
RABBIT

RESURRECTION
RIBBONS
SPRING BREAK
SUNDAY

```
S  U  T  J  O  B  A  S  K  E  T  S  F  V
B  N  B  R  T  D  O  G  G  D  S  E  U  E
Z  C  O  A  Z  G  Y  G  R  E  A  Y  X  J
S  H  Z  B  Z  V  H  E  R  S  K  A  T  G
C  O  F  B  B  U  O  D  T  A  S  D  R  T
A  C  O  I  N  I  R  E  E  M  R  I  T  E
N  O  I  T  C  E  R  R  U  S  E  R  P  J
D  L  W  R  T  B  B  O  L  N  W  F  H  D
Y  A  V  S  U  G  T  L  J  A  O  D  O  L
A  T  A  N  N  D  I  O  N  E  L  O  D  G
D  E  N  I  G  D  Z  C  V  B  F  O  O  G
N  Y  R  G  R  Q  H  I  E  Y  O  G  T  I
U  P  J  Y  P  U  T  T  Y  L  I  M  A  F
S  J  V  W  R  S  Y  L  D  L  B  A  W  T
Q  X  E  C  E  B  G  A  M  E  S  I  U  S
W  X  H  F  X  C  T  M  C  J  V  Z  B  N
```

Solution on Page 318

HALLOWEEN

ALL HALLOWS EVE
APPLE BOBBING
BLACK CAT
BUBBLE GUM
CANDY
CARAMELS
CHOCOLATE
COSTUMES
FAKE BLOOD
GHOSTS
HAUNTED HOUSE
HORROR MOVIES
JACK O LANTERN
MASKS
MONSTERS
MUMMIES
OCTOBER
PARTY
PUMPKINS
SKELETON

SPIDER WEBS
TRICK OR TREAT
VAMPIRES
WEREWOLVES
WITCH

```
B G H O U L S E I M M U M N
F A K E B L O O D J S O P H
W S E S U O H D E T N U A H
I L J P B O L N S S M L P S
T L A I B A B O T P L S P E
C U C D L T H E K H E B L V
H K K E E G R I A I I L E L
O S O R G S N L V S V A B O
C K L W U S L O K X A C O W
O S A E M O M E W I M K B E
L A N B W R L I M G P C B R
A M T S O E K V F A I A I E
T A E R T R O K C I R T N W
E V R O C T O B E R E A G P
E O N L P S E M U T S O C I
H T A P A R T Y D N A C Y B
```

Solution on Page 318

CHAPTER 7
WELL READ
ROMEO AND JULIET

BALCONY

BALL

BENVOLIO

CAPULET

CRYPT

DAGGER

DRUG

ESCALUS

FAMILIES

FRIAR LAURENCE

JULIET

LOVE

MERCUTIO

MONTAGUE

NURSE

PARIS

POISON

PRINCE

ROMEO

ROSALINE

SECRET MARRIAGE

SHAKESPEARE

TOMB

TYBALT

VERONA

```
M A Y P C A L M T W F K Y G
F R I X C H F B V E R O N A
S E C R E T M A R R I A G E
N H B C O O O O M E A L N S
X K A E T I I Z N I R R U B
A R M K N P L T H T L L R J
J O P T E Y O O U Y A I S E
R P G R N S T I V C U G E H
S H L D I E P P S N R O U S
Q S L R L N V E Y O E E V E
N E A U A T C G A R N B M X
Q P P G S U Y E Z R C D B G
B A L C O N Y B C L E A M Y
C F O G R E G G A D L V C U
U G M X N Y H D H L M J O K
P X P V J X I K B M T I J L
```

Solution on Page 319

THE GREAT GATSBY

BIG BAND
BUCHANAN
BUNGALOW
CATHERINE
CHAMPAGNE
COUSINS
DAISY
FENCING
GARAGE
GARDEN
GATSBY
GEORGE
GOLF
JAY
JAZZ
JORDAN
LONG ISLAND
MANSION
MILLIONAIRE
MYRTLE

NEW YORK
NICK
PARTY
POLO PLAYER
SOCIALITE
THOMAS
WEALTH
WEST EGG
WORLD WAR ONE
YALE

```
M A N S I O N I C K E U M T
V I R C D V K G A T S B Y H
G O L F V N V B X P U U R O
W O R L D W A R O N E C T M
C O U S I N S L B F U H L A
X W X M S O O E S E U A E S
S C E B X P N G N I C N E F
C O H S L A A A T Q G A K W
Z X C A T H E R I N E N R E
G N Y I M E Y A T R Y G O A
N E J M A P G G M Y E A Y L
R W O W O L A G N U B R W T
O Z R R E B I G B A N D E H
X T D L G K B T N T I E N G
Z Z A J C E M N E E A N C L
Z Y N J A Y S I A D G B I T
```

Solution on Page 319

JANE EYRE

ADELE

ALICE

BERTHA

BESSIE

BLANCHE

BROCKLEHURST

BRONTE

CHURCH

EDWARD

ENGLAND

ELIZA

GATESHEAD

GEORGIANA

GOVERNESS

HELEN

HORSE

JANE

JOHN

ORPHAN

POVERTY

RED ROOM

REED

RICHARD

ROBERT

SARAH

SCHOOL

TEACHER

THORNFIELD MANOR

UNCLE

VICTORIAN

```
C R H R E H C A E T N O R B
H Q G O V E R N E S S F P O
S I D N X C H U R C H D R E
A D R A W D E C U W R P L I
R H A M E R J A N E H E T S
A T H D A H E W E A D W L S
H U C L H A S D N A L G N E
E N I E P O V E R T Y B E B
L C R I J V I C T O R I A N
E L I F L J X J M A O Q W H
N E A N A I G R O E G M W O
E T S R U H E L K C O R B J
S C H O O L T J Q F A H K R
R W Y H V K A R O B E R T H
O B Q T U A D Y E L I Z A Y
H L T Q V Z X J Q B B X Z I
```

Solution on Page 319

THE ADVENTURES OF TOM SAWYER

AUNT POLLY

BECKY

BIBLE

BLOOD OATH

CAVE

COURT ROOM

DR ROBINSON

ENGAGEMENT

FENCE

GOLD

GRAVEYARD

HUCKLEBERRY FINN

INJUN JOE

ISLAND

JOE HARPER

MARK TWAIN

MISSISSIPPI RIVER

MISSOURI

MURDER

POTTER

SCHOOL

SID

ST PETERSBURG

TOM SAWYER

TREASURE

WARTS

WIDOW DOUGLAS

```
M G O L D R R O B I N S O N
I H H W L O J V X Q O H D N N
S T P E T E R S B U R G L I
S A L G U O D W O D I W G F
I O U I S S M U R D E R R Y
S D S N M I S S O U R I A R
S O C J T V D N A L S I V R
I O H U M P C D K W U O E E
P L O N A X O E B X Y P Y B
P B O J R P U L V I R E A E
I E L O K V R I L A B C R L
R C E E T P T X H Y C L D K
I K C W W T R E A S U R E C
V Y N Y A P O T T E R G L U
E Y E U I J O W A R T S B H
R V F T N E M E G A G N E N
```

Solution on Page 319

THE CATCHER IN THE RYE

ALLIE
APARTMENT
BROTHER
CAROUSEL
CATCHER
CENTRAL PARK
COLLEGE
DANCING
EDMONT HOTEL
EXPULSION
HIGHBALLS
HOLDEN
MANHATTAN
MR ANTOLINI
MUSEUM
NEW YORK CITY
PENCEY
PHOEBE
PHONY
RYE FIELD

SALINGER
SISTER
STATUE
WOMEN
ZOO

```
R C G J O G U F W L Z T P Z
O T N O I S L U P X E L H Y
V S Z V R Y E F I E L D O E
H N G R R B T K P N H U N C
U C N E W Y O R K C I T Y N
W C H H D G H A S N G X N E
Y X C T A W T P I A H K F P
L Q A O N M N L S T B M H H
T M T R C E O A T T A R E O
C U C B I T M R E A L E G E
U E H E N A D T R H L G E B
I S E A G W E N R N S N L E
Q U R H O L D E N A X I L H
B M Q M S C V C J M P L O O
T Q E Z R L E S U O R A C L
X N A L L I E U T A T S B W
```

Solution on Page 320

MOBY DICK

AHAB
BOAT
CAPTAIN
CARPENTER
CREW
ELIJAH
FLASK
HARPOON
ISHMAEL
MATES
MELVILLE
MOBY DICK
MUTINY
NEW BEDFORD
NEW ENGLAND
OBSESSION
OCEAN
PEQUOD
PEGLEG
PRIEST

REVENGE
SEAGULL
SHIP
STARBUCK
STORM
STUBB
WHALE
WHALING

```
H H M N T H K K P N S S K T
V N I A T P A C O E Y L S G
Z K T R S A J I U P Q L W O
X E M R O T S D W B A U S K
S J P A S S U Y I D R G O L
Z H O E E B L B R T K A S D
N C I S N T A O B K I E T H
L R B P E G F M B S T S S S
P O E M W D V G H A J I L E
R K T T E B E M M O M I C N
E H S B N L A U Q U O Y O A
V W W A G E V H T R Z O U E
E E A E L C P I A N P B E T
N R P A A F N R L R M S E W
G C H G N Y W H A L I N G Q
E W C E D D J H O C E A N Z
```

Solution on Page 320

THE OLD MAN AND THE SEA

APPRENTICE

BAIT

BASEBALL

BATTLE

BROTHER

FISHERMAN

FISHING GEAR

GULF

HARPOON

HEMINGWAY

JOE DIMAGGIO

JOURNEY

KNIFE

LINES

MANOLIN

MARKET

MARLIN

OAR

OCEAN

OLD MAN

SAILING

SANTIAGO

SHACK

SHARKS

SHORE

SKIFF

```
N E U N R U P T G F F I K S
O J N C B U S E N I L R A M
Z L S S H A R K S S R N L B
V P P J Z W C R E H T O R B
C A W R O A R A K I O T L A
O F I S H E R M A N D R P Q
J C B S X U D G C G I P E Y
F J E X X E O I N G R F A V
V W Y A W G N I M E H X E Y
Z I Q B N I L O N A M Z N E
H S C B A I T T O R G A X N
E F M M A T I R V P M G I R
J F F S I C T F U D R L I U
V B A S E B A L L X K A A O
P Y A M S U V O E U G I H J
Z Q N M Y Y X S N A G P P I
```

Solution on Page 320

PRIDE AND PREJUDICE

BACHELOR
BENNET
CATHERINE
CHARLES
COUSINS
DARCY
ELIZABETH
ELOPE
ENGAGEMENT
ENGLAND
ESTATE
GEORGE
JANE AUSTEN
KITTY
LAKE
LYDIA
MANSION
MARRIAGE
MARY
PIANO

PRIEST
PROPOSAL
ROMANCE
SCULPTURE
SOLDIER
SUNRISE
WILLIAM

```
W  N  I  A  S  K  I  T  T  Y  R  Y  E  L
I  X  P  T  M  T  N  V  K  E  S  G  S  E
L  Y  D  I  A  A  L  O  C  J  N  W  K  P
L  A  S  O  P  O  R  P  C  A  O  N  Y  F
I  B  C  A  T  H  E  R  I  N  E  C  E  Y
A  G  L  H  S  O  L  D  I  E  R  B  C  B
M  S  W  T  P  Y  I  D  N  A  L  G  N  E
O  Z  C  L  R  I  Z  G  D  U  G  U  A  T
D  G  H  U  O  W  A  S  O  S  P  E  M  A
K  N  A  N  L  G  B  N  D  T  M  N  O  T
W  O  R  D  E  P  E  I  O  E  A  U  R  S
F  I  L  M  H  W  T  S  U  N  R  I  S  E
E  S  E  A  C  L  H  U  E  J  Y  H  P  I
A  N  S  M  A  G  E  O  R  G  E  O  E  R
T  A  W  K  B  L  S  C  A  E  L  M  K  P
V  M  E  R  G  R  I  E  D  E  V  D  X  N
```

Solution on Page 320

THE GRAPES OF WRATH

AL JOAD
CALIFORNIA
CONNIE
CROPS
DEPRESSION
DITCH
DROUGHT
DUST BOWL
FAMILY
FARM
GRAMPA
GRANMA
JIM CASY
JOHN
LABOR
MA JOAD
NOAH
OKLAHOMA
PA JOAD
PAROLE

PREACHER
PREGNANCY
PRISON
ROSASHARN
RUTHIE
STEINBECK
STRIKE
TOM JOAD
WAGE
WINFIELD

```
N V D E Q A D A O J L A Z T
H H G A K A I V N L R I W R
C Y O K O I M Z R W A N I U
T L C J K J R A A O Z R N I
I Z M N L P A T H B J O F S
D O E G A W F M S T I F I M
T A R R H N F K A S M I E E
G O O J O A G C S U C L L H
D L B J M R K E O D A A D S
E M A I A A R B R T S C S E
I P L N A P X N S P Y V N R
H Y M Z E M E I N N O C N C
T A K D W A R E H C A E R P
U N O S I R P T H G U O R D
R A L N Q G Q S G Y P C L N
N C T B U U W K D S S X W Z
```

Solution on Page 321

TO KILL A MOCKINGBIRD

ALABAMA

ATTICUS

BALCONY

BOB EWELL

BOO RADLEY

COURT

DEPRESSION

DILL

GIFTS

GUILTY

HALLOWEEN

HARPER LEE

JEM

JUDGE

KNIFE

LAWYER

LYNCHING

MAYCOMB

MAYELLA

POCKET WATCH

RACISM

SCHOOL

SCOUT

SHERIFF

SMALL TOWN

SUMMER

TOM

TREE

TRIAL

WITNESS

```
U  D  O  S  J  S  P  W  O  I  F  E  O  U
K  N  I  B  M  E  E  Z  Z  G  X  L  W  V
L  C  H  L  O  A  M  A  B  A  L  A  Z  N
D  D  S  D  L  O  L  P  Z  C  W  I  G  G
N  H  A  R  P  E  R  L  E  E  W  R  R  N
P  O  C  K  E  T  W  A  T  C  H  T  E  I
Z  X  I  J  U  D  G  E  D  O  B  E  Y  H
C  S  M  S  K  O  B  Y  B  L  W  L  W  C
Y  O  S  H  S  E  B  A  G  O  E  N  A  N
T  T  U  E  M  E  A  T  L  Z  B  Y  L  Y
B  K  L  R  N  R  R  L  U  C  M  S  M  L
S  U  C  I  T  T  A  P  L  O  O  H  C  S
J  N  M  F  U  H  I  C  E  E  C  N  J  L
E  S  T  F  I  G  D  W  I  D  Y  S  Y  B
Y  P  E  N  R  E  M  M  U  S  A  A  I  C
S  W  Q  J  K  N  I  F  E  Z  M  X  M  E
```

Solution on Page 321

CHAPTER 8
IT'S GAME TIME!
BASKETBALL

ASSIST

BACKBOARD

BANK SHOT

BASKET

BLOCK

CHARGING

COACH

COURT

DEFENSE

DOUBLE TEAM

DRIBBLE

DUNK

FORWARD

FOUL

FREE THROW

GOALTENDING

GUARDS

HOOP

JUMP BALL

LAY UP

NBA

NET

OFFENSE

PASS

PERIOD

REBOUND

SHOT CLOCK

TECHNICAL

TIP OFF

THREE POINTER

TRAVELING

```
G U A R D S P O O H O A R T
L O F F E N S E D P S T E X
O S T O D I U Y R S J K T G
H P I R R K Z O I I S S N W
I U P W A B C S B A O I I D
A Y O A O V T O B E D D O Z
Y A F R B R E U L N R U P W
S L F D K N H L E C B Z E I
A A L O C C I T I L T S E T
P C N A A H L X E N N O R O
T I H O B A A T P E G W H H
N N C L O P E R F A R J T S
T H O G U A M E G V S F T K
U C U B M O D U H I O S N N
K E R Q Q Y F Z J O N U N A
I T T Y U N O U I P D G X B
```

Solution on Page 321

BASEBALL

BASE HIT

BASE LINE

BAT

BATTERS BOX

BENCH

BULLPEN

BUNT

CATCHER

DOUBLE PLAY

DUGOUT

FIELD

FOUL BALL

FULL COUNT

GLOVE

GRAND SLAM

HELMET

HITTER

HOMERUN

INNINGS

LINE DRIVE

MOUND

OUTFIELD

PINCH HITTER

PITCHER

SAFE

SCORE BOARD

STRIKE ZONE

TAG OUT

UMPIRE

WALK

WORLD SERIES

```
T N U B U L L P E N Z B M U
A T S F A W O N U R E M O H
G R P T D S C C F N P U K Z
O E A C R J E O C R T R U P
U H D X A I U H F F E V M T
T C H U O L K S I T K Y P S
U T X O B S R E T T A B I G
O I N A E T L I Z L L B R N
G P L U R D H R P O I A E I
U L N S O H D E Y S N S H N
D N B W C C L S Z D E E C N
G M A N S B L D S R D L T I
R L I M U V E L E N R I A W
K P O O I Q A R U E I N C K
L P D V G M U O J F V E Q U
T E M L E H M W G H E F A S
```

Solution on Page 321

FOOTBALL

ASTROTURF

AUDIBLE

BLITZ

BLOCKING

DEFENDER

END ZONE

FIELD GOAL

FIRST DOWN

FOUL

FUMBLE

GOAL LINE

GOAL POST

HAND OFF

HELMET

HOLDING

INTERCEPTION

KICK OFF

LINE OF SCRIMMAGE

LINEMAN

PASS

PLAY

POSSESSION

PUNT

QUARTERBACK

RECEIVER

SACK

SAFETY

SIDELINES

SPIKE

TACKLE

TOUCHDOWN

```
T T E N I L L A O G K C A S
N S I D E L I N E S T C N N
W O K A Y P N Q L P A S S A
O P I S A I E U L I C B P M
D L C T L W O A A K K H U E
H A K R P F F R O E L A N N
C O O O O E S T G F E N T I
U G F T S L C E D I N D R L
O N F U S B R R L R O O E Y
T I U R E I I B E S Z F V T
E K M F S D M A I T D F I E
M C B Z S U M C F D N V E F
L O L T I A A K C O E I C A
E L E I O T G F C W A L E S
H B H L N D E F E N D E R R
L W Q B G N I D L O H G G E
```

Solution on Page 322

GOLF

BACK NINE

BIRDIE

BOGEY

BUNKER

CADDIE

CHIP

CLUBS

COURSE

DRAW

EAGLE

FLAGSTICK

FORE

FRINGE

FRONT LINE

GLOVES

GOLF BALL

HANDICAP

HAZARD

HOLE IN ONE

HOOK

LINE OF PLAY

PAR

PUTT

RANGE MARKERS

ROUND

SHORT GAME

SINK

SLICE

STROKE

TEE

```
I  I  B  R  W  U  X  Q  Z  O  V  Z  B  M
K  B  Z  A  P  I  H  C  B  J  O  D  L  O
N  J  O  N  C  A  D  D  I  E  C  R  W  G
G  R  E  G  V  K  C  I  T  S  G  A  L  F
E  K  K  E  E  G  N  I  R  F  R  Z  E  M
A  K  Y  M  N  Y  F  I  D  D  L  A  P  C
D  H  O  A  P  O  M  Y  N  N  L  H  Z  P
J  A  H  R  L  S  N  E  E  E  A  G  L  E
M  F  F  K  T  P  H  I  C  N  B  H  A  R
W  H  O  E  A  S  F  O  E  I  F  G  W  P
C  O  U  R  S  E  W  O  R  L  L  Q  C  I
H  S  A  S  E  O  L  D  E  T  O  S  V  X
R  I  Q  T  V  S  I  N  K  N  G  H  S  R
A  I  V  T  O  E  R  U  N  O  I  A  X  G
G  S  B  U  L  C  K  O  U  R  G  L  M  R
C  A  X  P  G  K  S  R  B  F  C  X  I  E
```

Solution on Page 322

SOCCER

ASSIST
ATTACKER
BACK
BREAKAWAY
CHARGE
CLEATS
CORNER KICK
CROSSING PASS
DEFENDER
DRAW
DRIBBLING
DROP BALL
FIELD
FORWARD
FULLBACK
GOAL LINE
GOALIE
GOALKEEPER
GOAL POST
MIDFIELDER

NET
OFFENSE
OFFSIDE
PASSING
PENALTY
PERIOD
PLAYOFF
POINTS
PUSH PASS
REFEREE
SAVE
SHIN GUARDS
YELLOW CARD
ZONE

```
Y P Y F U L L B A C K S D W
T O A E C J F T R V L T Y W
L I W Y K O T S I S S A E M
A N A K R A X E V A S E L N
N T K W C D R O P B A L L C
E S A K G N I S S A P C O R
P R E P E E K L A O G R W E
D R R D G O A L L I N E C D
O S B R E F E R E E I D A N
F S H I N G U A R D S L R E
F A G B Y B O K C G S E D F
E P O B E D I S F F O I O E
N H A L Z C E N O Z R F I D
S S L I K E G R A H C D R Z
E U I N F F O Y A L P I E D
Z P E G O A L P O S T M P X
```

Solution on Page 322

ICE HOCKEY

BODY CHECK

CAPTAIN

CENTER ICE

CHARGING

CHECKING

CROSS BAR

FACE MASK

FACEOFF

GOAL

HAND PASS

HOCKEY STICK

ICE RINK

LEFT WING LOCK

LINE

PASS

PENALTY BOX

POWER FORWARD

POWER PLAY

PUCK

SAUCER PASS

SAVE

SKATES

SLAPSHOT

SUDDEN DEATH

TIME OUT

WRAP AROUND

WRIST SHOT

ZAMBONI

ZONE DEFENSE

```
Y R F P T O H S T S I R W S
Y S X C H E C K I N G P L D
A Z O N E D E F E N S E N I
L B B S N Y Q C I L F U C C
P O Y A I A I G A T O E R S
R D T V L R R P W R R O K U
E Y L E E A S I A I S A S D
W C A T H H N P N S T V S D
O H N C O G A K B E F D A E
P E E T L R N A S F C D P N
C C P O W E R F O R W A R D
Y K C I T S Y E K C O H E E
K K S A M E C A F L G Q C A
I N O B M A Z T I M E O U T
E Q S K F S S S A P D N A H
J C A P T A I N P U C K S L
```

Solution on Page 322

BOXING

BELL
BLEEDER
BLOCKING
BOUT
BOXER HANDSHAKE
BRAWLER
CLINCH
COMBINATION
CORNERS
COUNT
CUT MAN
DOWN
DRAW
FOOTWORK
FOUL
GLOVES
HEAVYWEIGHT
HOOK
JAB
KNOCK OUT

LIGHTWEIGHT
MANAGER
MOUTHPIECE
PROMOTER
PUNCH
REFEREE
RINGSIDE
ROPE A DOPE
ROPES
ROUNDS
SOUTHPAW
UPPER CUT
WARNING
WEAVING

```
R E D E E L B O U T S C B D
D O W N K Z E E R E F E R T
Q B P Z A N D K R K Z A H G
R L A E H I O E O N W G M N
E O W J S C G C C O I L O I
L C P G D A N W K E H I U N
W K N E N M A I W O T G T R
A I A A A P F Y L A U H H A
R N M P H D V O N C C T P W
B G T T R A O I U N R W I C
W L U O E O B P U L E E E O
C O C H X M M P E X P I C U
S V F O O T W O R K P G E N
K E O C B E L L T Q U H R T
P S X A G N I V A E W T L T
I R O U N D S R E N R O C T
```

Solution on Page 323

HORSE RACING

BABY RACE

BACK STRETCH

BLINKERS

BLOWOUT

BREAK

BREED

CHALK

COLT

DERBY

DISTAFF

FAVORITE

GALLOP

HANDICAP

HORSE

HORSE SHOE

HOT WALK

JOCKEY

LONGSHOT

MARE

MATCH RACE

PACER

PEDIGREE

POST TIME

RACETRACK

STABLE

STALLION

STARTING GATE

STUD

THOROUGHBRED

TRAINER

TROT

```
L  J  Y  E  K  C  O  J  Q  B  P  N  R  H
C  R  F  B  L  O  N  G  S  H  O  T  U  M
E  F  T  R  A  I  N  E  R  G  S  D  Y  D
E  F  L  E  W  R  E  C  A  P  T  E  B  I
R  A  C  E  T  R  A  C  K  B  T  R  R  H
G  T  V  D  O  W  S  N  X  A  I  B  E  O
I  S  P  E  H  H  O  C  G  C  M  H  D  R
D  I  P  H  C  I  S  G  D  K  E  G  X  S
E  D  O  A  L  A  N  E  A  S  T  U  D  E
P  C  V  L  C  I  R  E  S  T  I  O  L  R
O  V  A  H  T  I  R  H  P  R  R  R  V  A
A  T  A  R  K  B  D  D  C  E  O  O  E  M
S  L  A  N  Y  H  B  N  U  T  V  H  T  C
K  T  S  T  A  B  L  E  A  C  A  T  G  O
S  S  P  O  L  L  A  G  X  H  F  M  Q  L
S  R  E  K  N  I  L  B  L  O  W  O  U  T
```

Solution on Page 323

TENNIS

ACE
BACKHAND
CHALLENGE
COURT
DEUCE
DOUBLES
DRIVE
DROP SHOT
FAULT
FOLLOW THROUGH
FOREHAND
GAME POINT
GRIP
GROUND STROKE
LINE JUDGE
LOVE
MATCH POINT
NET POINT
OVERHAND
POINT

RACQUET
RALLY
RECEIVER
SERVE
SETS
SIDELINES
SINGLES
SLICE
SMASH
TENNIS BALL
TOPSPIN
TOURNAMENT
VOLLEY

```
X  S  T  E  S  C  S  D  Q  Q  U  B  W  G
H  S  A  M  S  S  F  O  R  E  H  A  N  D
M  G  N  D  R  O  P  S  H  O  T  C  S  B
T  S  U  I  G  H  D  E  U  C  E  K  L  F
T  N  I  O  P  H  C  T  A  M  N  H  I  A
O  K  E  N  R  S  E  R  V  E  N  A  C  U
E  V  D  M  G  H  P  W  I  W  I  N  E  L
G  G  E  O  A  L  T  O  U  R  S  D  G  T
N  R  D  R  U  N  E  W  T  A  B  Y  J  N
E  E  I  U  H  B  R  S  O  L  A  E  E  I
L  V  T  P  J  A  L  U  F  L  L  L  C  O
L  I  I  P  X  E  N  E  O  Y  L  L  L  P
A  E  G  R  O  U  N  D  S  T  R  O  K  E
H  C  W  B  D  I  V  I  M  U  V  V  F  M
C  E  E  Q  S  E  N  I  L  E  D  I  S  A
H  R  A  C  Q  U  E  T  R  U  O  C  C  G
```

Solution on Page 323

AUTO RACING

AERODYNAMIC

AIR PRESSURE

ANTI ROLL BAR

BLACK FLAG

BLUE FLAG

BODYWORK

BRAKES

BUMP

CARBON FIBER

CASTER

CHASSIS

CHECKERED FLAG

COMPOUND

DIFFUSER

DRAFTING

DRIVER

FLAGS

HELMET

HORSEPOWER

LINE

OPEN WHEEL

PITS

QUALIFYING

REBOUND

RED FLAG

SLICKS

STEERING WHEEL

TETHER

TORQUE

TRANSPONDER

TUNNELS

```
S T E E R I N G W H E E L P
G N I Y F I L A U Q K R I M
N B L A C K F L A G S T W U
I L B O I D I F F U S E R B
T U Q A E R O D Y N A M I C
F E T C D O P E N W H E E L
A F U A N T I R O L L B A R
R L N R U R S E E N I L J C
D A N B O E L K V S V P A P
R G E O P B I C H A S S I S
E T L N M O C E H D T U D W
H O S F O U K H S E K A R B
T R Y I C N S C R Z L I I E
E Q H B O D Y W O R K M V F
T U R E W O P E S R O H E W
L E T R A N S P O N D E R T
```

Solution on Page 323

CHAPTER 9
CAN YOU FEEL THE BEAT?
CLASSIC ROCK

ACDC

AEROSMITH

BEATLES

BENATAR

BOWIE

CLAPTON

COCKER

COOPER

DOORS

DYLAN

EAGLES

FRAMPTON

GABRIEL

GENESIS

GRATEFUL DEAD

HENDRIX

JOPLIN

LENNON

MCCARTNEY

MOODY BLUES

PETTY

PINK FLOYD

ROLLING STONES

SEGER

SPRINGSTEEN

STEWART

THE WHO

VAN HALEN

ZEPPELIN

ZZ TOP

```
T H E W H O Z E I W O B K W
S P R I N G S T E E N E F T
D E P T G A B R I E L N R R
Y E N T R A C C M V M A A A
L S K O A F F V N B B T M W
A E P H T I M S O R E A P E
N G E N E S I S X I A R T T
J E T X F X G J X X T H O S
O R T N U V A N H A L E N E
P D Y O L F K N I P E M H L
L G C A D R F Z N L S W E G
I Q F B E Z E P P E L I N A
N O T P A L C G S R O O D E
W M O O D Y B L U E S A R O
N O N N E L Z Z T O P C I R
C R A C D C O C K E R A X G
```

Solution on Page 324

COUNTRY

ALABAMA

AUTRY

BLACK

BROOKS

CASH

CHESNUTT

CLINE

DIXIE CHICKS

GILL

HAGGARD

JACKSON

JENNINGS

JONES

JUDDS

KEITH

KRAUSE

LOVELESS

LYNN

MCENTIRE

MCGRAW

NELSON

OWENS

PARTON

ROGERS

SKAGGS

STRAIT

TRAVIS

TUCKER

TWAIN

TWITTY

WILLIAMS

WYNETTE

```
B E U D P O P M O J Q M T H
E K S Z Y H M Y C T D G L J
O J R E K C U T L W C A S H
I O E B L W T M O A Q Y D H
F S W N R U I X V I A T D D
M K Y E N O S L E N A T U E
U C N S N I O W L T A I J T
M I E E N S N K E I M W A Q
K H T N O I H G S N A T C X
C C T O T T H A S R B M K E
A E E J R I V T G O A A S N
L I Y A A J R C I G L U O I
B X V G P A M E L E A T N L
F I A E I N N Y L R K R W C
S D G T S G G A K S P Y D O
A K L W X N P M V D B H Q Z
```

Solution on Page 324

MODERN POP

AGUILERA

AKON

BEDINGFIELD

BEYONCE

BLACK EYED PEAS

CANNON

CLARKSON

CYRUS

FALL OUT BOY

FERGIE

JOJO

JONAS BROTHERS

KID ROCK

LAVIGNE

LOPEZ

MADONNA

MRAZ

NO DOUBT

PINK

RIHANNA

SHAKIRA

SIMPSON

SPEARS

STEFANI

SWIFT

TIMBALAND

TIMBERLAKE

UNDERWOOD

USHER

WEST

```
D Y J U S H E R J O J O C W
S L S H P G F U K T K B Y E
S R E H T O R B S A N O J S
H A A I L D N A L A B M I T
A C E E F S W I F T P C M T
K Y K P P G A G U I L E R A
I R A I D S N O K A U B S N
R U L K X E L I R N F Q I N
A S R A C L Y K D E E Z M O
D T E G A O S E R E U E P D
V E B F N O R G K W B P S A
J F M U N W I D N C L O O M
R A I U O E N G I V A L N R
U N T O N D V W P K T L D A
S I D B E Y O N C E U Z B Z
N K H U B O A N N A H I R X
```

Solution on Page 324

JAZZ AND SWING

ARMSTRONG

BECHET

BENNETT

BOLDEN

BROWN

BUBLE

CALLOWAY

COLTRANE

CONNICK

CROSBY

DAVIS

DORSEY

ELLINGTON

FITZGERALD

GILLESPIE

GOODMAN

HINES

HOLIDAY

JAMES

JARREAU

MARTIN

MCSHANN

MILLER

NICHOLS

PARKER

SINATRA

TORME

WALLER

WEBSTER

```
N S M X P A R K E R F J S D
T E H C E B S B C V H U E D
O S D Y S L O H C I N F M Z
R R I L Y H Y F N O N I A D
M Q E N O E A E B J C N J Z
E Y N H A B S N A M D O O G
D A A E V T U R N O U E I C
H D R E N A R B O U G L A Y
F I T Z G E R A L D L L R B
Z L L R A E Q M A E L I E S
G O O U T A I V S O N N L O
Q H C S E L I P W T N G L R
J H B D L S I A L E R T A C
P E S E B E Y N T B R O W N
W Y R X M A R T I N E N N S
P H V B M I S A Y U J X K G
```

Solution on Page 324

FEMALE VOCALIST

AMOS
BJORK
BLIGE
CAILLAT
CAREY
CHER
CROW
DIDO
DION
ENYA
ETHERIDGE
FRANKLIN
FURTADO
HILL
HOUSTON
JETT
JONES
KEYS
KNIGHT
LENNOX

MIDLER
MORISSETTE
MURRAY
PHAIR
RAITT
RONSTADT
SADE
STREISAND
TURNER

```
P Z I O U I Z V L K P U M X
D L I H U U W Z O Y Q T J Y
H X T Q E F M T S W T H A K
E J D A B N H C X E U R I C
E M I Z G G P B J O R K A C
D A D L I S F O E U N R D W
A C O N F T K D M S E N O J
G H K I A L A B I Y R R E P
V O K L P S D L D F C G T L
O U Q K A H I L L M D Z O T
I S Q N T Y O E E I Z D R D
S T D A T S N O R I A H P I
M O R R I S S E T T E C Y W
Y N M F A C H E R P S Y E K
O P K A R T I U W Q N W E V
B L I G E G F B H V B Q B Z
```

Solution on Page 325

FOLK

APPLE

BAEZ

BLUNT

BUCKLEY

BUSH

CARLILE

CARPENTER

CHAPMAN

CROCE

DENVER

DYLAN

FLEETWOOD MAC

GARFUNKEL

INDIGO GIRLS

IRON AND WINE

JEWEL

JOHNSTON

LOEB

MITCHELL

MORRISON

NICKS

RICE

TAYLOR

SIMON

STEVENS

VEGA

YOUNG

```
D   N   O   M   I   S   B   A   E   Z   I   N   I   I
Q   A   O   G   N   U   O   Y   Q   Z   W   R   W   T
P   L   A   T   C   T   C   H   A   P   M   A   N   G
W   Y   Q   K   S   H   V   Y   J   O   G   U   G   S
N   D   L   S   L   N   E   I   R   E   L   S   A   N
B   E   E   Y   R   K   H   R   V   B   W   T   P   S
Y   S   K   C   I   N   I   O   H   C   B   E   P   L
M   P   N   X   G   S   M   N   J   C   U   V   L   D
N   N   U   R   O   L   Y   A   T   R   S   E   E   T
E   Y   F   N   G   O   Y   N   N   O   H   N   U   O
C   A   R   L   I   L   E   D   D   C   V   S   J   N
E   C   A   M   D   O   O   W   T   E   E   L   F   K
S   B   G   Q   N   E   C   I   R   H   P   P   B   F
G   G   J   X   I   B   M   N   D   Q   I   A   V   I
Q   R   A   C   A   R   P   E   N   T   E   R   W   F
A   L   I   L   I   A   K   V   M   N   B   K   G   H
```

Solution on Page 325

BANDS

BEACH BOYS

BLUE OCTOBER

BON JOVI

COLDPLAY

COUNTING CROWS

DAUGHTRY

DAVE MATTHEWS

FRAY

GREEN DAY

GUNS N ROSES

JET

KILLERS

KISS

LIFEHOUSE

LINKIN PARK

MAROON FIVE

MATCHBOX TWENTY

METALLICA

NICKELBACK

PEARL JAM

QUEEN

REM

SIMPLE PLAN

SNOW PATROL

VAN HALEN

WEEZER

```
Y R T H G U A D M P S E T R
J E E B M D V V A L E N K E
J B S M E O A O T O S S I Z
C O U N T I N G C R O W S E
O T O N A B H B H T R E S E
L C H A L Y A O B A N H Y W
D O E L L A N O P S T O K
P E F P I D E J X W N T B I
L U I E C N N O T O U A H L
A L L L A E K V W N G M C L
Y B G P M E N I E S O E A E
Q B R M A R O O N F I V E R
U X Z I Z G G C T P R A B S
E W B S Q F R A Y Y A D W P
E M A J L R A E P O Z R H O
N O B N I C K E L B A C K E
```

Solution on Page 325

'80S FAVORITES

BANGLES

BILLY IDOL

BLONDIE

CARS

CLASH

CULTURE CLUB

CURE

CYNDI LAUPER

DEPECHE MODE

DIRE STRAITS

DURAN DURAN

EURYTHMICS

GO GOS

HALL AND OATES

HEART

KENNY LOGGINS

NEW EDITION

OINGO BOINGO

POLICE

SIMPLY RED

SONIC YOUTH

STYX

TALKING HEADS

TEARS FOR FEARS

TIFFANY

```
B E S S S F T R A E H E K D
C U L T U R E C L U B E U Y
L R O I Y B A K I J N R N K
A Y G A S X R C J N A A B S
S T N R D J S R Y N F L E N
H H I T A L F L D F O T D O
T M O S E S O U I N A L O I
U I B E H G R T D O V O M T
O C O R G A F I D M A D E I
Y S G I N B E N C N E I H D
C Y N D I L A U P E R Y C E
I S I Z K L R N T D I L E W
N I O D L E S O G O G L P E
O E Q A A X K W X L W I E N
S J H M T P O L I C E B D U
D E R Y L P M I S P Q S B B
```

Solution on Page 325

MALE VOCALISTS

ADAMS

BB KING

BERRY

BOLTON

BROWN

CHARLES

GAYE

JACKSON

JOEL

JOHN

JOHNSON

KRAVITZ

LENNON

MANILOW

MARLEY

MAYER

PETTY

PRESLEY

PRINCE

RICHIE

SEAL

SMITH

SPRINGSTEEN

STEWART

STING

VANDROSS

WONDER

```
I M C Z Y W R X M C H U I W
B X J O I Z M C J I Z O D H
B Y X N O S N H O J W R G D
K R E R V Z E K E O V A E S
I R K L J A T L L L Q Q M M
N E E T S G N I R P S A A I
G B J G R E N D V A D J Y T
D B U T A A R I R A H A E H
B J M A M Y W P T O R C R J
T R I C H I E E E S S K Z Z
S W O K H F P L T Y J S B D
S F K W O N D E R S E O B N
I G M A N F I N T A L N H X
B A O I M X V N L T M B K N
V K J G F M B O O P Y N V R
E J I K U E C N I R P V R E
```

Solution on Page 326

BROADWAY MUSICALS

A CHORUS LINE
AVENUE Q
BILLY ELLIOT
CATS
CHICAGO
EVITA
GREASE
GUYS AND DOLLS
HAIRSPRAY
LES MISERABLES
LION KING
LITTLE MERMAID
MAMMA MIA
MARY POPPINS
MISS SAIGON
MY FAIR LADY
OLIVER
OUR HOUSE
PHANTOM
PRODUCERS

RENT
ROCK OF AGES
SOUTH PACIFIC
WEST SIDE STORY
WICKED

```
E O G A C I H C A T S S T N
M G R E A S E S U O H R U O
A Y E D G P L I O N K I N G
M S N I P P O P Y R A M Y I
M E T Q S R E C U D O R P A
A L G U Y S A N D D O L L S
M B C O Z P H A N T O M M S
I A Y L Y A R P S R I A H S
A R B I L L Y E L L I O T I
V E P V J I D E K C I W E M
E S X E N I L S U R O H C A
N I J R S E G A F O K C O R
U M D T M Y F A I R L A D Y
E S S O U T H P A C I F I C
Q E V I T A Q E L C I L G E
W L I T T L E M E R M A I D
```

Solution on Page 326

CHAPTER 10
THE BIG CITY
LOS ANGELES

BEVERLY HILLS

CAPITOL RECORDS

CHINESE THEATRE

DODGERS

FORUM

GRIFFITH PARK

HOLLYWOOD SIGN

IMPROV

KODAK THEATRE

LA BREA TAR PITS

LAKERS

LAX

MAGIC CASTLE

MULHOLLAND

OBSERVATORY

PANTAGES

RODEO DRIVE

SANTA MONICA PIER

STAPLES CENTER

SUNSET STRIP

VIPER ROOM

WALK OF FAME

ZOO

```
H O L L Y W O O D S I G N Y
M Y L M U R O F I M P R O V
Y M A G I C C A S T L E H W
Q S B Y R O D E O D R I V E
S D R O C E R L O T I P A C
K R E T N E C S E L P A T S
D N A L L O H L U M I C G R
E R T A E H T E S E N I H C
S U A P I R T S T E S N U S
R E R T A E H T K A D O K R
E Z P V I P E R R O O M G E
G O I E M A F F O K L A W K
D O T P A N T A G E S T V A
O B S E R V A T O R Y N X L
D Z G R I F F I T H P A R K
B E V E R L Y H I L L S C M
```

Solution on Page 326

NEW YORK CITY

BROADWAY
BROOKLYN
CENTRAL PARK
ED SULLIVAN
ELLIS ISLAND
FIFTH AVENUE
GIANTS
GRAND CENTRAL
HARLEM
JETS
KNICKS
LITTLE ITALY
MACYS
MANHATTAN
METS
MUSEUM
RADIO CITY
ROCKEFELLER
SHEA STADIUM
STATUE OF LIBERTY

SUBWAY
TAXIS
TIFFANYS
TIMES SQUARE
WALL STREET
YANKEES

```
V  S  E  E  K  N  A  Y  Y  L  T  M  E  K
E  U  N  E  V  A  H  T  F  I  F  T  D  E
N  R  G  K  K  U  I  R  M  T  Y  I  S  N
Y  Y  Q  A  L  C  G  E  U  T  M  F  U  A
L  A  O  A  O  W  S  B  E  L  E  F  L  T
K  W  W  I  Z  S  R  I  S  E  L  A  L  T
O  D  D  B  Q  O  K  L  U  I  R  N  I  A
O  A  P  U  U  N  Q  F  M  T  A  Y  V  H
R  O  A  K  I  S  Y  O  N  A  H  S  A  N
B  R  O  C  K  E  F  E  L  L  E  R  N  A
E  B  K  B  W  A  C  U  S  Y  C  A  M  M
X  S  M  U  I  D  A  T  S  A  E  H  S  E
A  T  C  E  N  T  R  A  L  P  A  R  K  T
E  E  W  A  L  L  S  T  R  E  E  T  Y  S
R  J  R  D  N  A  L  S  I  S  I  L  L  E
M  G  I  A  N  T  S  I  X  A  T  U  N  T
```

Solution on Page 326

CHICAGO

ADLER
BACH HOUSE
BEARS
BLACKHAWKS
BULLS
CHICAGO THEATRE
CUBS
DRAKE FOUNTAIN
FIELD MUSEUM
FOUNTAINS
LEGOLAND
LINCOLN MONUMENT
LYNFRED WINERY
NAVY PIER
NOBLE HOUSE
OPRAH WINFREY
PLANETARIUM
SCOVILL ZOO
SEARS TOWER
SHEDD AQUARIUM

SUN TIMES
WINDY CITY
WRIGLEY FIELD

```
U  L  W  S  R  J  D  C  F  S  F  S  M  T
O  Y  I  K  E  R  N  U  I  E  O  I  U  N
P  N  N  W  I  E  A  B  E  M  U  B  I  E
R  F  D  A  P  W  L  S  L  I  N  A  R  M
A  R  Y  H  Y  O  O  A  D  T  T  C  A  U
H  E  C  K  V  T  G  X  M  N  A  H  U  N
W  D  I  C  A  S  E  L  U  U  I  H  Q  O
I  W  T  A  N  R  L  O  S  S  N  O  A  M
N  I  Y  L  B  A  F  L  E  U  S  U  D  N
F  N  O  B  L  E  H  O  U  S  E  S  D  L
R  E  A  T  K  S  G  R  M  B  C  E  E  O
E  R  T  A  E  H  T  O  G  A  C  I  H  C
Y  Y  R  O  O  Z  L  L  I  V  O  C  S  N
C  D  L  E  I  F  Y  E  L  G  I  R  W  I
V  M  U  I  R  A  T  E  N  A  L  P  D  L
V  L  A  D  L  E  R  S  R  A  E  B  H  R
```

Solution on Page 327

BOSTON

BACK BAY
BEACON HILL
BOSTON GLOBE
BOSTON HERALD
BRUINS
CAMBRIDGE
CAPITAL
CELTICS
CHARLES RIVER
CHEERS
CHINATOWN
DEWEY SQUARE
FANEUIL HALL
FORT POINT
FENWAY PARK
HARVARD
JFK LIBRARY
NEW ENGLAND
NORTH END
OPERA HOUSE

RED SOX
SOUTH END
WHARF DISTRICT

```
Z L E S U O H A R E P O U B
V L C H I N A T O W N Y U J
Y A B K C A B C A P I T A L
R H H K F O R T P O I N T F
A L A E G D I R B M A C Y M
R I D N E H T R O N I Q D K
B U C H A R L E S R I V E R
I E B O L G N O T S O B W A
L N A P P X Q S O C B U E P
K A A C F Y I E N I R I Y Y
F F F M O D N E H T U O S A
J A C F F N Q G E L I Y Q W
F G S R E E H C R E N V U N
D R A V R A H I A C S L A E
O H N E W E N G L A N D R F
W R E D S O X C D L P P E V
```

Solution on Page 327

PHILADELPHIA

BEN FRANKLIN

CHEESESTEAK

DAILY NEWS

DELAWARE RIVER

DREAM GARDEN

EAGLES

EDGAR ALLAN POE

INDEPENDENCE HALL

LIBERTY BELL

MUTTER MUSEUM

OLD CITY

PENNYPACK

PENNSYLVANIA

PHILLIES

RODEN MUSEUM

SEVENTY SIXERS

VALLEY FORGE PARK

WINGS

ZOO

```
Y M K Z L U P R I V S S B P
Z U A E B D E L N A E E M D
W E E X E A N K D L V I U I
P S T Y B I N L E L E L E S
E U S T E L S L P E N L S O
N M E I N Y Y I E Y T I U N
N N S C F N L B N F Y H M E
Y E E D R E V E D O S P R D
P D E L A W A R E R I V E R
A O H O N S N T N G X Y T A
C R C O K V I Y C E E S T G
K W F Z L P A B E P R E U M
Z S G N I W A E H A S L M A
N E O P N A L L A R A G D E
V C A P I T A L L K X A I R
T H E F R A N K L I N E F D
```

Solution on Page 327

SAN FRANCISCO

ALAMO SQUARE

ALCATRAZ

ANGEL ISLAND

AQUATIC PARK

BAKER BEACH

BAY BRIDGE

CABLE CARS

CITY HALL

FORTY NINERS

GARDENS

GIANTS

GOLDEN GATE BRIDGE

HILLS

HUNTERS POINT

LAKE MERCED

MARINA

MISSION BAY

NOB HILL

OCEAN BEACH

OPERA HOUSE

SOUTH BEACH

UNION SQUARE

```
D S Z X D E C R E M E K A L
U T R B A Y B R I D G E T S
F O N A R I H S N E D R A G
M C P I C X I P N I K B C
N I M E O E L K A C R R A H
O T S A R P L L J P B A K C
B Y T S R A S B T N E P E A
H H N V I I H R A H T C R E
I A A H L O N O E C A I B B
L L I E Z B N A U T G T E N
L L G O T L Z B U S N A A A
U N I O N S Q U A R E U C E
A L C A T R A Z J Y D Q H C
H E R A U Q S O M A L A R O
P S R E N I N Y T R O F M X
S O U T H B E A C H G L L V
```

Solution on Page 327

ST. LOUIS

ART MUSEUM
BENTON PARK
BLUES
BOTANICAL GARDEN
BREWERY
CARDINALS
DUTCHTOWN SOUTH
EADS BRIDGE
FOREST PARK
GATEWAY ARCH
GRAND CENTER
HISTORY MUSEUM
LAFAYETTE SQUARE
LASALLE PARK
LEMP MANSION
MAGIC HOUSE
MISSOURI
RAMS
SCIENCE CENTER
SHAW

TOWER GROVE
UNION STATION
ZOO

```
B  T  B  G  R  A  N  D  C  E  N  T  E  R
R  M  O  L  A  S  A  L  L  E  P  A  R  K
E  A  T  B  L  U  E  S  U  O  S  H  A  W
W  G  A  T  E  W  A  Y  A  R  C  H  U  M
E  I  N  G  M  B  D  T  U  E  A  M  Q  U
R  C  I  K  P  E  S  O  N  T  R  U  S  E
Y  H  C  R  M  N  B  W  I  N  D  E  E  S
M  O  A  A  A  T  R  E  O  E  I  S  T  U
   I  U  L  P  N  O  I  R  N  C  N  U  T  M
S  S  G  T  S  N  D  G  S  E  A  M  E  Y
S  E  A  S  I  P  G  R  T  C  L  T  Y  R
O  O  R  E  O  A  E  O  A  N  S  R  A  O
U  U  D  R  N  R  M  V  T  E  G  A  F  T
R  U  E  O  G  K  S  E  I  I  H  M  A  S
I  I  N  F  C  C  Z  O  O  C  T  S  L  I
D  U  T  C  H  T  O  W  N  S  O  U  T  H
```

Solution on Page 328

WASHINGTON DC

CATHEDRAL

CONGRESS

DUPONT CIRCLE

GEORGETOWN

JFK CENTER

LIBRARY

LINCOLN MEMORIAL

MONUMENT

MUSEUMS

NATIONAL MALL

OVAL OFFICE

PRESIDENT

REFLECTING POOL

SMITHSONIAN

SUPREME COURT

UNION STATION

US CAPITAL

VETERAN MEMORIAL

WHITE HOUSE

WOODLEY PARK

```
L N V M F L A R D E H T A C
N W E K R A P Y E L D O O W
O O T L E I I V K T G T Y R
I T E L C R I C T N O P U D
T E R A I O J T M E Y Q X U
A G A T F M F N B D R C J W
T R N I F E K E C I A V E H
S O M P O M C M O S R P S I
N E E A L N E U N E B K M T
O G M C A L N N G R I G U E
I G O S V O T O R P L G E H
N T R U O C E M E R P U S O
U S I B I N R L S H U E U U
R V A N A I N O S H T I M S
N L L A M L A N O I T A N E
L O O P G N I T C E L F E R
```

Solution on Page 328

NEW ORLEANS

BOURBON STREET

CANAL STREET

CATHEDRAL

CHARLES STREET

CITY PARK

FERRY

FESTIVALS

FRENCH MARKET

FRENCH QUARTER

GARDENS

GUMBO

HORNETS

JACKSON SQUARE

JAMBALAYA

JAZZ FEST

LOUISIANA

MARDE GRAS

ONE SHELL SQUARE

ROYAL STREET

SAINTS

STREETCARS

SUPERDOME

```
J A C K S O N S Q U A R E L
R Y H R U N P S C T W D B A
L A A A P E Q T U E E O J R
T L R P E S E E E U R A D
L A L Y R H S N B R N O Z E
S B E T D E A R B T V Y Z H
R M S I O L I O D S Z A F T
A A S C M L N H W L S L E A
C J T F E S T I V A L S S C
T V R J T Q S X N N I T T L
E G E R G U M B O A L R Y G
E R E T R A U Q H C N E R F
R E T E K R A M H C N E R F
T S A R G E D R A M Z T E W
S A N A I S I U O L I G F F
N S D K B S N E D R A G Z R
```

Solution on Page 328

ATLANTA

APEX MUSEUM
ATLANTA OPERA
BRAVES
BUCKHEAD
CAPITAL
CARTER CENTER
CENTENNIAL
CITY HALL
COCA COLA
CONNECTOR
FALCONS
FOX THEATRE
GEORGIA
GEORGIA DOME
GRANT PARK
HAWKS
MIDTOWN
OLYMPIC PARK
PIEDMONT PARK
RHODES HALL

STONE MOUNTAIN
SWEET AUBURN
THRASHERS
TURNER FIELD

```
C F O X T H E A T R E C L S
O E A K S I A P E H S P A N
N C T R Z U I E M O W I T O
N I L A L V G X O D E E I C
E T A P A F R M D E E D P L
C Y N T I W O U A S T M A A
T H T N N A E S I H A O C F
O A A A N U G E G A U N O B
R L O R E F O U R L B T C U
H L P G T F W M O L U P A C
A R E T N E C R E T R A C K
W V R G E E Q Z G N N R O H
K R A P C I P M Y L O K L E
S D L E I F R E N R U T A A
R J Q H T H R A S H E R S D
L M I D T O W N B R A V E S
```

Solution on Page 328

CHAPTER 11

ALL GROWN UP
COSMETICS

ACNE CREAM

BLUSH

BRONZER

BRUSH

CLEANSER

CONCEALER

EYE LINER

EYE SHADOW

FACE SOAP

FACIAL MASK

FOUNDATION

GLOSS

HAIR GEL

HAIRSPRAY

LIP BALM

LIP LINER

LIPSTICK

LOTION

MASCARA

MOISTURIZER

MOUSSE

NAIL POLISH

PERFUME

POWDER

ROUGE

SUNSCREEN

TWEEZERS

WATERPROOF

WRINKLE CREAM

```
E  X  E  S  U  N  S  C  R  E  E  N  S  T
E  S  P  N  O  I  T  A  D  N  U  O  F  N
M  A  S  C  A  R  A  E  I  W  L  A  T  E
U  O  L  U  R  I  L  E  G  R  I  A  H  K
F  R  I  I  O  E  L  O  T  I  O  N  S  C
R  E  E  S  P  M  N  P  L  N  I  A  H  I
E  Z  F  S  T  L  Z  I  O  K  M  P  E  T
P  N  C  P  N  U  I  S  L  L  B  A  Y  S
G  O  R  O  P  A  R  N  A  E  I  O  E  P
L  R  O  W  N  E  E  I  E  C  Y  S  S  I
O  B  U  D  Z  C  C  L  Z  R  X  E  H  L
S  T  G  E  M  A  E  R  C  E  N  C  A  B
S  T  E  R  F  E  F  A  F  A  R  A  D  R
Y  W  Z  L  I  P  B  A  L  M  Y  F  O  U
T  P  U  F  O  O  R  P  R  E  T  A  W  S
B  L  U  S  H  A  I  R  S  P  R  A  Y  H
```

Solution on Page 329

CAREERS

ACCOUNTANT
ACTOR
ANALYST
ARCHITECT
BANKER
BARTENDER
CHEF
CONTRACTOR
DESIGNER
DOCTOR
ELECTRICIAN
FIREMAN
INVENTOR
LAWYER
MAIL MAN
MANAGER
MODEL
MUSICIAN
NURSE
PASTOR

PERSONAL TRAINER
POLICE OFFICER
POLITICIAN
PRODUCER
REPORTER
SALESMAN
SCIENTIST
SURGEON
TEACHER
THERAPIST
WAITRESS
WRITER

```
T X E B A R T E N D E R H N
E W T C R E Y W A L W I S I
A L S O R N N O E G R U S N
C S Y N E I M C N U R S E V
H S L T N A T N U O C C A E
E E A R G R M U S I C I A N
R R N A I T S I P A R E H T
E T A C S L C L X J D N R O
G I I T E A R E P O R T E R
A A C O D N P D T W F I C F
N W I R R O A O U I E S U I
A K T E O S S M W D H T D R
M J I T T R T O L I C C O E
P O L I C E O F F I C E R M
N Q O R O P R E K N A B P A
R W P W D N S A L E S M A N
```

Solution on Page 329

FINANCES

BUDGET
CABLE
CAR PAYMENT
CELL PHONE
CREDIT CARD
CLOTHING
ELECTRICITY
GARBAGE MAN
GARDENER
GASOLINE
GROCERIES
HEALTH CARE
INSURANCE
INTERNET
INVESTMENTS
LOAN
MORTGAGE
PAY CHECK
POOL MAN
REGISTRATION

RENT
SAVINGS
SHOPPING
TAXES
TELEPHONE
TRANSPORTATION
WATER BILL

```
X Y T I C I R T C E L E G M
S P N N R N N A O L L F N O
T E E O E A V X C S L Y I R
N N R I D M J E E F I V P T
E O N T I E Y S L S B O P G
M H I A T G G A L E R K O A
T P N T C A N V P I E C H G
S E S R A B I I H R T E S E
E L U O R R H N O E A H G N
V E R P D A T G N C W C P I
N T A S E G O S E O E Y O L
I E N N L Q L M I R E A O O
O G C A B J C O E G V P L S
C D E R A C H T L A E H M A
M U V T C B R E N E D R A G
G B X I I N T E R N E T N X
```

Solution on Page 329

CLOTHING

BEANIE

BELT

BLOUSE

BOOTS

BOXERS

CAPRIS

COAT

DENIM

DRESS

FLIP FLOPS

GLOVES

GOWN

HAT

HIGH HEELS

JACKET

JEANS

MITTENS

NIGHT GOWN

PAJAMAS

PANTS

SANDALS

SCARF

SHIRT

SHOES

SHORTS

SKIRT

SLACKS

SLIPPERS

SOCKS

SUIT

TANK TOP

TIE

```
Z  K  Z  Q  J  F  S  O  C  K  S  J  U  T
E  G  K  E  F  Q  E  C  P  H  Y  Z  O  T
R  T  A  N  K  T  O  P  A  N  T  S  H  K
N  N  N  F  I  A  H  Q  K  R  S  Y  T  U
S  F  R  X  T  G  S  G  T  N  F  D  E  I
K  A  H  I  G  H  H  E  E  L  S  I  J  V
C  R  N  X  P  H  K  T  I  E  E  G  T  R
A  U  B  D  T  C  P  G  N  L  B  P  C
L  W  Y  N  A  I  F  I  A  O  A  W  N  C
S  N  X  J  M  L  E  D  V  J  W  E  T  A
K  H  B  L  O  U  S  E  M  T  A  N  B  P
I  H  O  P  B  R  S  N  R  S  O  M  U
R  G  S  R  E  P  P  I  L  S  Q  Z  A  I
T  U  X  X  T  A  H  M  F  E  T  I  U  S
K  B  O  O  T  S  O  W  N  R  G  V  Y  H
U  B  J  V  B  B  I  C  M  D  G  Z  N  U
```

Solution on Page 329

AUTOMOBILES

ACURA

AUDI

BMW

BUICK

CADILLAC

CHEVROLET

CHRYSLER

DODGE

FORD

GMC

HONDA

HUMMER

HYUNDAI

INFINITI

JAGUAR

JEEP

KIA

LAND ROVER

LEXUS

LINCOLN

MAZDA

MERCEDES BENZ

MERCURY

MITSUBISHI

NISSAN

PONTIAC

PORSCHE

SAAB

SATURN

SCION

SUBARU

SUZUKI

TOYOTA

VOLKSWAGEN

VOLVO

```
J  N  D  U  R  K  T  S  W  D  W  W  M  B
Q  R  S  R  T  B  Y  H  O  Q  Z  P  W  A
O  U  G  A  R  M  A  Z  D  A  R  U  C  A
J  T  J  B  T  E  L  O  R  V  E  H  C  S
J  A  G  U  A  R  V  V  O  H  M  P  G  V
X  S  X  S  R  C  J  O  F  M  M  O  M  O
Y  R  U  C  R  E  M  L  R  I  U  N  C  L
A  D  H  C  E  D  L  K  T  D  H  T  A  V
S  I  O  P  T  E  S  S  O  P  N  I  D  O
C  D  N  D  M  S  U  W  Y  O  H  A  I  K
I  U  D  F  G  B  Z  A  O  R  E  C  L  V
O  A  A  Y  I  E  U  G  T  S  H  K  L  X
N  A  S  S  I  N  K  E  A  C  B  C  A  N
F  I  H  Q  A  Z  I  N  D  H  O  I  C  R
L  I  N  C  O  L  N  T  L  E  X  U  S  P
O  T  H  Y  U  N  D  A  I  F  P  B  Q  U
```

Solution on Page 330

EXERCISE

BARBELL
BICEPS CURL
BIKING
CRUNCHES
DUMBBELL
HIKING
JOGGING
JUMP ROPE
JUMPING JACKS
KICKBACKS
LATERAL RAISE
LEG CURL
LEG PRESS
LUNGES
PILATES
PULL UP
PUSH UPS
RUNNING
SHOULDER PRESS
SIT UPS

SPRINTS
SQUATS
STRETCHING
SWIMMING
TRICEPS CURL
WALKING
WEIGHT TRAINING
YOGA

```
W A L K I N G N I K I H U A
J E B B K P S T A U Q S P X
S W I M M I N G P U L L U P
Y S C G S L C W M D T L S P
O G E D H A S K P S A K H D
G N P S O T K S B T C J U U
A I S E U E T A E A F V P M
J H C G L S R R J R C P S B
U C U N D B A G A R P K X B
M T R U E L N R U I S G S E
P E L L R I R N U T N N E L
R R L A P P C U N N X I W L
O T I M R H Q I C X N K N N
P S U L E F R J O G G I N G
E J A S S P U T I S E B N Z
L R U C S P E C I R T L E G
```

Solution on Page 330

BABY NAMES

ABIGAIL

ALEXANDER

ANDREW

ANGELA

AVA

BENJAMIN

BRIAN

CHLOE

DANIEL

DYLAN

ELIZABETH

EMILY

EMMA

ETHAN

GRACE

JACOB

JANE

JASON

JOSHUA

KATE

KELLY

MADISON

MATTHEW

MEGAN

MICHAEL

NATHAN

NICHOLAS

NOAH

OLIVIA

RYAN

SARAH

SYDNEY

TAYLOR

TODD

TYLER

WILLIAM

ZACHARY

```
C T Z R R U E F D F P U E J
W Y C O N O A H S B B M O C
D L J H A Y L Z A N M I N B
V E A A L Y J Y R A H C A Z
Y R C C S O M L A H I H H H
L D O A S O E A H T K A T E
I Y B H R D N B D E D E A X
M L U Y D G A I S I B L N G
E A A O E C J G C A S H B Y
G N T L I E Q A Z H U O E E
A V A T D A N I E L O N N N
N H P I H D L L P H R L J D
N H X K R E D N A X E L A Y
Y L L E K B W I L L I A M S
E A W X C A L K O L I V I A
H C E W I R U L C S U C N J
```

Solution on Page 330

EDUCATION

ALGEBRA

BACHELORS

BACKPACK

BIOLOGY

BOOKS

CAMPUS

CHEMISTRY

CLASSES

COLLEGE

COURSES

DEGREE

DIPLOMA

ENGLISH

ESSAYS

GOVERNMENT

GRADES

HIGH SCHOOL

HISTORY

HOMEWORK

LIBRARY

MAJOR

MASTERS

MATH

PROFESSORS

REPORTS

SCIENCE

SOCIAL STUDIES

STUDENTS

TEACHERS

TESTS

WRITING

```
E  P  E  T  K  C  A  P  K  C  A  B  F  F
S  S  M  A  T  H  M  H  R  C  V  S  M  R
Y  E  B  R  B  E  O  C  O  L  L  E  G  E
A  D  I  X  H  M  A  U  L  A  I  Y  N  P
S  A  O  D  E  I  R  C  Y  S  B  H  I  O
S  R  L  W  U  S  S  X  H  S  R  I  T  R
E  G  O  W  E  T  P  T  T  E  A  G  I  T
H  R  G  S  I  R  S  U  O  S  R  H  R  S
K  M  Y  E  S  Y  D  L  M  R  Y  S  W  C
S  S  R  O  L  E  H  C  A  B  Y  C  G  I
R  T  A  B  N  O  F  R  J  I  H  H  A  E
E  S  L  T  Y  N  B  O  O  J  C  O  L  N
T  E  S  T  N  E  M  N  R  E  V  O  G  C
S  T  E  N  G  L  I  S  H  P  G  L  S  E
A  M  O  L  P  I  D  E  G  R  E  E  F  M
M  C  A  M  P  U  S  K  O  O  B  F  K  W
```

Solution on Page 330

RELATIONSHIPS

BELONGING

BOND

BOYFRIEND

COMMITMENT

COMMUNICATION

COMPANIONSHIP

COMPROMISING

CONNECTION

DEPENDENT

EMOTIONS

FAMILY

FRIENDSHIP

GIRLFRIEND

HUSBAND

KINDRED

LAUGHTER

LOVE

MARRIAGE

PASSION

PATIENCE

PROMISE

RELATIONSHIP

ROMANCE

TRUST

UNDERSTANDING

WIFE

```
C E S I M O R P F A M I L Y
W N F I V R O M A N C E E B
I R E L A T I O N S H I P B
F U N D E R S T A N D I N G
E G A I R R A M S O H O O I
D N E I R F Y O B S M A I R
Y I T S U R T D N B K K T L
Y G N I S I M O R P M O C F
Q N E C N E I T A P C L E R
C O M M U N I C A T I O N I
D L T I A D E R D N I K N E
V E I P A S S I O N B H O N
T B M R A H U S B A N D C D
B O M R C I E M O T I O N S
C N O D E P E N D E N T A S
V D C R E T H G U A L O V E
```

Solution on Page 331

PARENTHOOD

ALLOWANCE
BABY
BIRTH
CAREGIVER
CHILDREN
CHORES
DAD
DAUGHTER
DISCIPLINE
FAMILY
FATHER
GUARDIAN
JOY
LOVE
MATERNAL
MOM
MOTHER
NANNY
NURTURE
PARENT

PATIENCE
PREGNANCY
PRIDE
RESPONSIBILITY
SON

```
E  N  C  Y  B  A  L  L  O  W  A  N  C  E
T  I  L  J  Z  C  I  P  H  N  A  N  N  Y
R  R  E  V  M  F  R  W  B  S  A  I  I  O
R  E  S  P  O  N  S  I  B  I  L  I  T  Y
K  T  N  F  T  B  U  R  D  P  R  I  D  E
O  H  C  A  H  L  V  R  I  Y  K  T  U  C
B  G  N  T  E  S  A  C  T  P  N  L  H  U
E  U  E  H  R  U  S  N  R  U  A  O  J  T
C  A  R  E  G  I  V  E  R  G  R  V  I  W
N  D  D  R  D  Y  G  H  M  E  S  E  Q  L
E  D  L  Z  B  N  E  Y  S  O  T  P  D  F
I  Z  I  J  A  T  H  Y  L  I  M  A  F  N
T  I  H  N  B  D  L  H  O  S  D  R  M  W
A  B  C  T  Y  Y  K  Z  G  J  O  E  O  Q
P  Y  L  S  U  S  B  F  Z  O  X  N  I  S
N  E  O  U  K  W  T  J  E  B  M  T  S  Z
```

Solution on Page 331

CHAPTER 12

AND THE OSCAR GOES TO . . .
BEST ACTOR

BOGART
BRANDO
BRODY
BRYNNER
CAGE
CAGNEY
CROSBY
CROWE
DAY LEWIS
DE NIRO
DOUGLAS
DREYFUSS
DUVALL
FINCH
FONDA
FOXX
GABLE
HACKMAN
HANKS
HOFFMAN
HOPKINS

HURT
IRONS
KINGSLEY
LANCASTER
LEMMON
NEWMAN
NICHOLSON
OLIVIER
PACINO
PECK
PENN
POITIER
RUSH
SPACEY
STEWART
TRACY
VOIGHT
WASHINGTON
WAYNE
WHITAKER

```
H O P K I N S S U F Y E R D
B R A N D O S N O M M E L U
D R Y C A R T R U H T N C V
A O O O Q M S Y B S O R C A
E L U D R U K P A A P R F L
W I Q G Y I I C A G N E Y L
O V H S L D N R A C V N U X
R I A T C A G E O H E N J X
C E N E L Y S I D N I Y N O
P R K W G L L T P C S R A F
E J S A A E E I H A U B M W
C V B R T W Y O I G C D W A
K L M T U I L P K C I I E D
E X A W A S H I N G T O N N
T R A G O B H W A Y N E V O
P E N N A M F F O H C N I F
```

Solution on Page 331

BEST ACTRESS

ANDREWS

BANCROFT

BATES

BERGMAN

BERRY

CHER

CRAWFORD

DAVIS

DUNAWAY

FIELDS

FLETCHER

FONDA

FOSTER

HEPBURN

HUNT

KEATON

KELLY

KIDMAN

LANGE

LOREN

MACLAINE

MATLIN

MIRREN

PALTROW

REDGRAVE

ROBERTS

SARANDON

SPACEK

STREEP

STREISAND

SWANK

TANDY

TAYLOR

THERON

THOMPSON

WINSLET

WITHERSPOON

WYMAN

```
R O B E R T S I V A D P V N
Y L L E K Q F O N D A Q U O
J M I R R E N O D N A R A S
E G N A L G C A S T R E E P
T N I L T A M A M T A D B M
G S W O R T L A P Y E G E O
D Z T N U H F Y N S W R R H
U O C R A W F O R D F A R T
N R H H E P B U R N R V Y H
A F Z T K I R E H C T E L F
W I T H E R S P O O N T W B
A E N I A L C A M P O A L S
Y L B A T E S I N E R Y B W
Y D X L O R E N B D E L N A
K S N A N A M D I K H O X N
R Y D N A T U A M W T R Q K
```

Solution on Page 331

BEST DIRECTOR

ALLEN
ATTENBOROUGH
BEATTY
BENTON
BOYLE
BROOKS
CAMERON
CAPRA
COEN
COPPOLA
COSTNER
DEMME
EASTWOOD
FORD
GIBSON
HOWARD
HUSTON
JACKSON
LEE
LEVINSON

MENDES
MINGHELLA
NICHOLS
POLANSKI
POLLACK
REDFORD
SCORSESE
SODERBERGH
SPIELBERG
STONE
WILDER
ZEMECKIS

```
E T C O P P O L A N S K I O
N D K M K C A L L O P M B F
O E R N I C H O L S I I R C
T M N O S K C A J N E H O U
S M L L F N X A G I Z G O F
U E Z T E D L H M V R U K E
H B T H G R E B R E D O S E
M O T L N L E R B L R R I Z
A W W E L A S L L Y Q O O V
R I L A T B E N T O N B N C
P L P T R I S G U B K N O K
A D Y T P D R M E N D E S X
C E A S T W O O D D N T B Z
L R V S I K C E M E Z T I X
A N R E N T S O C E C A G C
C E H J P I O M S Y N D U H
```

Solution on Page 332

BEST PICTURE

AMADEUS

ANNIE HALL

APARTMENT

BEN HUR

BRAVEHEART

CASABLANCA

CHICAGO

CRASH

DEER HUNTER

DEPARTED

FORREST GUMP

GANDHI

GIGI

GLADIATOR

GODFATHER

HAMLET

MARTY

MY FAIR LADY

OLIVER

OUT OF AFRICA

PATTON

PLATOON

RAIN MAN

ROCKY

STING

TITANIC

UNFORGIVEN

WEST SIDE STORY

WINGS

```
M T R A E H E V A R B S U P
A P A R T M E N T I D U W T
R G C R E T N U H R E E D G
T N I C H I C A G O S D L O
Y M R G E Q U D M T G A U D
H D F H I Q E H S N D M N F
A C A V C P S I I I A F A
M L F L A A D T A R D A O T
L F O R R E S T G U M P R H
E N T C S I O A Z F L S G E
T E U T B R A A B A D A I R
D N O T T A P F T L N S V O
V R U H N E B O Y D A G E C
Y R E V I L O Y H M O N N K
B U M U W N T I T A N I C Y
C B S Q R B J W B G Z W H A
```

Solution on Page 332

BEST SUPPORTING ACTOR

AMECHE
ARKIN
BARDEM
BEGLEY
BURNS
BUTTONS
CAINE
CLOONEY
COBURN
CONNERY
COOPER
DE NIRO
FREEMAN
GOODING
HACKMAN
HUSTON
HUTTON
JONES
KENNEDY
KLINE

LANDAU
LEDGER
LEMMON
MATTHAU
PALANCE
PESCI
QUINN
ROBARDS
ROBBINS
SINATRA
SPACEY
WALKEN
WASHINGTON
WILLIAMS

```
Y G B D V H S W J P E S C I
N R H U T T O N H Y L I X L
E B E W T E X L E U U N U E
K C K N O T G N I H S A W M
L W N G N T O E N L M T F M
A U P A N O N N E E A R O O
W X S M L I C D S D I A E N
N T N C A A D V K G L X H U
N B R C A T P O R E L W C Y
I B U O N J T T O R I N E D
U K B Y B B K H B G W A M E
Q L O C E B A H A C K M A N
P I C G A C I R R U N E R N
S N L G X L A N D A U E K E
R E P O O C E P S E S R I K
Y E Y T J O N E S S M F N Y
```

Solution on Page 332

BEST SUPPORTING ACTRESS

BASINGER

BERGMAN

BINOCHE

BLANCHETT

CONNELLY

CRUZ

DAVIS

DENCH

DUKAKIS

DUKE

GOLDBERG

HARDEN

HAWN

HUDSON

HUSTON

JOLIE

JONES

LANGE

LEACHMAN

ONEAL

PAQUIN

REDGRAVE

REED

RUEHL

SMITH

SORVINO

STAPLETON

STEENBURGEN

STREEP

SWINTON

TOMEI

WEISZ

WIEST

WINTERS

ZELLWEGER

ZETA JONES

```
O S Y H E V N B P S M I T H
O H B C K G S R E T N I W U
N D I N U J T V G R S O S S
H A N E D R A H J T G P I T
R V O D T R P O R W F M K O
F I C U G T L E A C H M A N
C S H D R I E M O T M W K N
Q O E U E P T H E S R I U I
G R E B D L O G C E S E D U
Z V L A V S N G G N U S E Q
U I A S Q A O E L O A T E A
R N E I L I W N D J O L R P
C O N N E L L Y U A Y E B V
X L O G L S W I N T O N N S
S T E E N B U R G E N W A H
M B Z R U E H L D Z S I E W
```

Solution on Page 332

BEST ORIGINAL SCREENPLAY

ALMOST FAMOUS

AMERICAN BEAUTY

ANNIE HALL

APARTMENT

CHINATOWN

CITIZEN KANE

CRASH

CRYING GAME

FARGO

GANDHI

GHOST

GOOD WILL HUNTING

JUNO

MILK

MOONSTRUCK

PATTON

PIANO

PILLOW TALK

PRODUCERS

PULP FICTION

RAIN MAN

STING

SUNSET BOULEVARD

TALK TO HER

USUAL SUSPECTS

WITNESS

```
J S G P I L L O W T A L K S
U U N M O O N S T R U C K H
N N I S R E C U D O R P C L
O S T C E P S U S L A U S U
Q E N A K N E Z I T I C Y T
Y T U A E B N A C I R E M A
B B H K I C E W R G A I S L
A O L D L H Z I Y H I H T K
P U L P F I C T I O N D I T
A L I A A N M N N S M N N O
R E W T R A G E G T A A G H
T V D T G T Y S G B N G Q E
M A O O O O H S A R C W N R
E R O N E W N C M P I A N O
N D G K A N N I E H A L L V
T A L M O S T F A M O U S G
```

Solution on Page 333

BEST EFFECTS

ALIENS
BABE
BEN HUR
CLEOPATRA
COCOON
ET
FORREST GUMP
GLADIATOR
INDIANA JONES
INNERSPACE
JURASSIC PARK
KING KONG
LOGANS RUN
LORD OF THE RINGS
MARY POPPINS
MATRIX
SPACE ODYSSEY
SPIDER MAN
STAR WARS
SUPERMAN

TERMINATOR
THUNDERBALL
TIME MACHINE
TITANIC
TOTAL RECALL

```
T C A L I E N S X I R T A M
T E S E N A M R E P U S G L
E I R P M U G T S E R R O F
C T M M A V N E B A B R R A
A G U E I C Z O W P D K O R
P J L N M N E R O O J R T T
S M L A A A A O F C Y A O A
R N A M D T C T D K O P T P
E U B R S I H H O Y K C A O
N R R E E E A I I R S I L E
N S E D R B X T D N V S R L
  I N D I A N A J O N E S E C
S A N P B E N H U R S A C Y
W G U S N I P P O P Y R A M
S O H K I N G K O N G U L K
K L T I T A N I C K U J L E
```

Solution on Page 333

BEST COSTUME DESIGN

ALL ABOUT EVE

ALL THAT JAZZ

AMADEUS

AVIATOR

BEN HUR

BUGSY

CAMELOT

CHARIOTS OF FIRE

CHICAGO

CLEOPATRA

DRACULA

ELIZABETH

GANDHI

GIGI

GLADIATOR

GREAT GATSBY

HAMLET

MOULIN ROUGE

MY FAIR LADY

RESTORATION

ROMAN HOLIDAY

SABRINA

SOME LIKE IT HOT

SPARTACUS

STAR WARS

STING

TESS

```
U W R E S T O R A T I O N S
E G U O R N I L U O M B N A
E R O T A I D A L G Y U E B
A V I A T O R N R T F G O R
C W E F U D E Z O O A S X I
Y G T T F Q T Z M H I Y E N
D P N E U O B A A T R B L A
G I G I L O S J N I L S I R
O S H E T M B T H E A T Z T
G T M D D S A A O K D A A A
A A E H N L M H L I Y G B P
C R Y R U A K T I L R T E O
I W E C D D G L D E A A T E
H A A E H T Z L A M W E H L
C R U H N E B A Y O S R W C
D S P A R T A C U S K G L Q
```

Solution on Page 333

BEST EDITING

APOLLO THIRTEEN
BLACK HAWK DOWN
BULLITT
CABARET
CRASH
DEER HUNTER
DEPARTED
GRAND PRIX
HIGH NOON
JAWS
JFK
KILLING FIELDS
LAST EMPEROR
MARY POPPINS
MATRIX
PICNIC
PLATOON
RAGING BULL
RIGHT STUFF
ROCKY

SCHINDLERS LIST
SOUND OF MUSIC
TRAFFIC
UNFORGIVEN
WEST SIDE STORY
WITNESS

```
G K G R A N D P R I X E M T
E S I R I H S T E R A B A C
J F K L A G C I F F A R T I
A Y C N L G H P Z I J O R S
W U R W A I I T L R W C I U
S N A O S J N N S A P K X M
N F S D T S D G G T T Y D F
I O H K E S L E F B U O N O
P R H W M E E P P I U F O D
P G I A P N R D I A E L F N
O I G H E T S H I C R L L U
P V H K R I L S U S N T D O
Y E N C O W I X G N T I E S
R N O A R Y S T W M T S C D
A P O L L O T H I R T E E N
M O N B U L L I T T J B R W
```

Solution on Page 333

CHAPTER 13
THE GREAT OUTDOORS
CAMPING

BARBECUE

BEARS

CAMP FIRE

CAMPER

CANTEEN

DEER

DESERT

FISH

FISHING POLE

FLASHLIGHT

FOREST

GHOST STORIES

HIKING BOOTS

HUNTING

ICE CHEST

INSECTS

LAKE

LANTERN

MARSHMALLOWS

OUT HOUSE

OUTDOORS

OWLS

RANGER

RIVER

SLEEPING BAG

SMORES

TENT

TREES

WARM CLOTHES

WOODS

C S F Y S D M X W O O D S C
A T O U T D O O R S D R N B
M H R E G N A R E L A E E W
P G E C Q B A R B E C U E N
E I S M O R E S B E I W T R
R L T N E T N W N P C E N B
G H O S T S T O R I E S A A
N S O P C Y W L E N C U C I
I A B W G I E L T G H O W N
T L G O L N R A N B E H T L
N F N D W S I M A A S T S R
U H I E N E F H L G T U E V
H J K S N C P S S U W O E P
C A I E H T M R R I V E R M
L U H R W S A A R Y F Q T R
S E H T O L C M R A W H R A

Solution on Page 334

FLOWERS

AMBROSIA

APPLE BLOSSOM

AZALEA

BIRD OF PARADISE

CARNATION

DAFFODIL

DAISY

DANDELION

DOGWOOD

EUCALYPTUS

FERN

GARDENIA

HIBISCUS

HOLLY

IRIS

IVY

JUNIPER

LILAC

LILY

LOTUS

MAGNOLIA

MULBERRY

OLEANDER

ORCHID

PANSY

POPPY

ROSE

SAGE

SUNFLOWER

TULIP

VIOLET

WISTERIA

```
O Y P P O P I L U T D T I B
Z S R E D N A E L O Y V I O
F N C Q M I A I N E D R A G
R A A T S U T O L Z D X Z T
P P L E W R L I D O F F A D
A P I L U I E B F F N P L Y
Y L L O H C S P E I J G E N
B E Y I Q A A T I R I S A X
K B G V G R M L E N R E F M
X L N E A N R B Y R U Y Z A
L O D D M A S Z R P I J Y Y
Y S I A D T O B O O T A H T
D S U C S I B I H G S U G R
E O R E W O L F N U S I S I
N M N X H N O I L E D N A D
D O O W G O D I H C R O S E
```

Solution on Page 334

BIRDS

BLUEJAY

BUZZARD

CANARY

CARDINAL

COCKATIEL

COCKATOO

CRANE

CROW

DOVE

DUCK

EAGLE

EMU

FALCON

FLAMINGO

GOOSE

HAWK

HUMMINGBIRD

LARK

MACAW

MOCKINGBIRD

ORIOLE

OSTRICH

OWL

PARAKEET

PARROT

PELICAN

PENGUIN

PIGEON

ROADRUNNER

SEAGULL

SPARROW

STORK

SWALLOW

SWAN

TOUCAN

```
E H K C U D Q B L O X Y T A
T S R F L R G N A W S C Y H
K O O D L O S T R I C H Z F
W H T O U A C P K O M P M I
A U S V G D M O A O S A A G
H M J E A R L I C R D R C Z
C M P J E U E K N K R R A P
B I E T S N I B M G A O W I
U N N A E N T C N N O T W G
Z G G M G E A T E N R U O E
Z B U B I R K C O O I T L O
A I I X D C C A I C O W L N
R R N I A X O N R L L C A Q
D D N T O U C A N A E A W J
Y A J E U L B R G F P P S G
L J X U L H T Y E A G L E D
```

Solution on Page 334

FAMILY BARBECUE

APRON

BARBECUE SAUCE

BUNS

CHARBROIL

CHARCOAL

CHICKEN

CORN ON THE COB

FIRE

FLAME

FORK

FRUIT

GRILL

HAMBURGER

HOTDOG

KETCHUP

KNIFE

MACARONI SALAD

MAYONNAISE

MEAT

MUSTARD

NAPKIN

PICNIC TABLE

POTATO CHIPS

POTATO SALAD

PLATE

PRONGS

SALAD

SEASONING

SMOKE

SODA

SPOON

STEAK

TABLE CLOTH

WOOD CHIPS

```
F C F Z J W O O D C H I P S
P R O N G S P O O N B D I S
F B A R B E C U E S A U C E
M L W W N K G F B L P D N A
M U A L A O C R A H C A I S
P E S M D M N S D H H L C O
P L A T E S O T I E L A T N
A P O T A T O C H I P S A I
E H S O A R K A R E O I B N
R N C T J E D G S D C N L G
I A O S N O R P A T M O E F
F P E H A M B U R G E R B R
O K F H T O L C E L B A T U
R I I L I O R B R A H C K I
K N N E S I A N N O Y A M T
H R K E T C H U P Z A M G E
```

Solution on Page 334

INSECTS

ANTS

BEES

BEETLE

BLACK WIDOW

BUMBLEBEE

BUTTERFLY

CATERPILLAR

CRICKET

DRAGONFLY

EARWIG

FIREFLY

FLEA

FLIES

FRUIT FLY

GNAT

GRASSHOPPER

HONEY BEE

HORNTAIL

JUNEBUG

LADYBUG

LIGHTNING BUG

MAYFLY

MOSQUITO

MOTH

PRAYING MANTIS

SCORPION

SILVERFISH

SPIDER

SWALLOWTAIL

TERMITE

TICK

WASP

```
B E E T L E T I M R E T X P
S P M A Y F L Y A H T O M S
P G R A L L I P R E T A C A
I R W O D I W K C A L B Q W
D A A K H G F R U I T F L Y
E S R Y S H H O R N T A I L
R S K C I T E K C I R C A F
Y H Y L F N O G A R D S T E
L O N H R I G N A T T M W R
F P G O E N G M R N G O O I
R P U N V G B Z A U B S L F
E E B E L B M U B N E Q L L
T R E Y I U Y Y L E T U A I
T M N B S G D C B Y O I W E
U T U E E A R W I G H T S S
B U J E L S C O R P I O N D
```

Solution on Page 335

WEATHER

AIR PRESSURE

ATMOSPHERE

BAROMETER

BREEZE

CLIMATE

CLOUDS

CYCLONE

DUST STORM

FOG

FORECAST

HAIL

HURRICANE

JET STREAM

LIGHTNING

MOISTURE

MONSOON

PRECIPITATION

PREDICTION

RAIN

SLEET

SOLAR ENERGY

SNOW

STORM

SUNLIGHT

TEMPERATURE

TORNADO

THUNDER

WIND

WIND CHILL

```
R Y C D L P E B N J X E H E
I E G M A E R T S T E J D A
V G T R I E U E D D T H L N
T N T E E L S M U N A M N R
S I B Z M N S P O I M O O W
A N E O L O E E L W I N I I
C T O E W C R R C T L S T N
E H M N O E P A A B C O C D
R G E O N C R T B L K O I C
O I T L S R I U H R O N D H
F L S C N P A R T U W S E I
O N A Y I I H E Q S N F R L
G U H C D M A E A K I D P L
M S E N A C I R R U H O E R
M R O T S T S U D E C B M R
P T O R N A D O Y N V Y U F
```

Solution on Page 335

BODIES OF WATER

ARROYO

BARACHOIS

BASIN

BAY

BAYOU

BECK

BILLABONG

BROOK

CANAL

CHANNEL

COVE

CREEK

DAM

DRAW

ESTUARY

GLACIER

GULF

HARBOR

INLET

KETTLE

LAGOON

LAKE

LOCH

MARSH

MILLPOND

OCEAN

POOL

POND

PUDDLE

RAPID

RESERVOIR

RIVER

SEA

SPRING

STREAM

SWAMP

TIDE POOL

WETLAND

```
X  B  P  L  K  U  F  X  S  T  R  E  A  M
N  R  E  S  E  R  V  O  I  R  S  E  A  S
T  E  E  U  I  N  A  K  Z  T  A  U  B  T
M  I  L  L  P  O  N  D  U  L  B  I  V  D
P  C  D  H  N  B  H  A  X  Q  L  A  I  R
K  A  D  E  G  A  R  C  H  L  D  P  I  J
M  L  U  L  P  Y  C  M  A  C  A  N  R  M
P  G  P  T  N  O  X  B  A  R  L  C  E  I
K  X  Z  T  C  U  O  O  C  E  A  N  P  Y
T  Q  S  E  D  N  A  L  T  E  W  B  A  Y
T  H  F  K  G  R  T  L  A  K  E  G  F  T
X  S  C  O  R  E  O  M  P  G  N  R  L  B
W  E  D  O  O  V  D  B  A  I  O  A  U  Y
B  V  Y  R  L  I  K  P  R  R  N  O  G  L
P  O  B  B  A  R  Q  P  B  A  S  I  N  P
L  C  P  M  A  W  S  S  C  G  H  H  M  L
```

Solution on Page 335

ANIMALS

ALLIGATOR

ANTELOPE

APE

BABOON

BEAR

BEAVER

BIRD

CAMEL

CAT

CHEETAH

COYOTE

DEER

DOG

DOLPHIN

DUCK

ELEPHANT

ELK

FISH

FOX

HAMSTER

HORSE

JAGUAR

KANGAROO

LION

MONKEY

MOOSE

MOUSE

OTTER

PANDA

PANTHER

PONY

SHARK

SQUIRREL

TIGER

TURKEY

TURTLE

WEASEL

WHALE

WOLF

ZEBRA

```
B Z G E X L A K M A L S S W
X O F H Y P D O L P H I N I I
D S T V E W O L F A C L O M
K D M T W S I N R N D K O N
R A T C E G R K Y T I N B O
K A N G A R O O L H K W A P
Q R E T S M A H H E D L B P
M H O U E U E V Y R C E P Y
K R M R L L T L C M A A E S
K F R T E E O C H V R K T R
E I X L P R Y P E B R B I W
P S A E H R O R E U B R G U
S H L W A I C Z T S D I E Q
W Q F E N U T J A G U A R B
M T B G T Q R I H K C O M D
X W V K E S C D J T K J M G
```

Solution on Page 335

TRANSPORTATION

AIRPLANE
AUTOMOBILE
BICYCLE
BOAT
BUS
CABLE CAR
CARRIAGE
DIRT BIKE
ELEVATOR
FERRY
GONDOLA
HELICOPTER
JET SKI
MINIVAN
MONORAIL
MOPED
MOTORCYCLE
ROLLER SKATES
SHIP
SKATEBOARD

SLED
STAGECOACH
SUBMARINE
SUBWAY
TAXI CAB
TRACTOR
TRAIN
TRAM
TRUCK
UNICYCLE
WHEELCHAIR
YACHT

```
R O T A V E L E Y R R E F L
O O K C E L C Y C I B N E S
T K L B A C I X A T T I D L
C W E L C Y C I N U H R I E
A H Z D E C A B L E C A R D
R E G R T R A M L J R M T E
T E E A S O S I T O S B B P
R L K O H T C K N R T U I O
U C R B I O Q O A A A S K M
C H F E P M M Q O T G I E I
K A U T O M O B I L E V N N
I I E A L O D N O G C S T I
K R I K S T E J N N O L B V
W E K S J A I R P L A N E A
O X O E G A I R R A C X C N
L E A Y A W B U S T H C A Y
```

Solution on Page 336

TREES

ALDER
APRICOT
ASH
BEECH
BIRCH
BUCKEYE
CEDAR
CHERRY
CHESTNUT
COTTONWOOD
CYPRESS
DATE
DOGWOOD
ELM
EUCALYPTUS
FIR
HAWTHORN
HICKORY
HIMALAYAN
HOLLY

LILAC
LOCUST
MAGNOLIA
MAPLE
MULBERRY
OAK
OLIVE
PALM
PEACH
PECAN
PINE
PLUM
POPLAR
SPRUCE
WALNUT
WILLOW

```
R X D O Y R H H U C A L I L
W P O P L A R O Y B C X X G
V I G Y E X L P I H S B N N
L D W B L Y R R E B L U M A
C A O J C E C S P R U C E C
D E O O S H T B B E S K X E
C T D S W N K A N D U E V P
Y Y F A U N A R D L T Y W E
E R I T R E O Y W A P E V A
B O R Y O H W T A I Y I K C
V K G E T C S A T L L E N H
J C M W H V I A L O A L F E
F I A U O C S R C N C M O Z
R H P A L M E U P G U M I W
P Y L Q L P S E I A E T W H
E S E U Y T M U B M U S Z G
```

Solution on Page 336

CHAPTER 14

OH, TO BE A KID AGAIN

BOARD GAMES

BALDERDASH

BATTLESHIP

CANDY LAND

CHECKERS

CHESS

CHUTES AND LADDERS

CLUE

CONNECT FOUR

CRANIUM

GUESS WHO

LIFE

MEMORY GAME

MONOPOLY

MOUSE TRAP

OPERATION

PAYDAY

PICTIONARY

RISK

RUMMIKUB

SCATTERGORIES

SCRABBLE

SEQUENCE

SORRY

TABOO

TRIVIAL PURSUIT

TWISTER

YAHTZEE

```
S  R  D  F  S  S  E  H  C  L  U  E  T  T
R  U  N  E  E  C  N  E  U  Q  E  S  H  S
E  M  A  G  Y  R  O  M  E  M  Y  H  B  N
D  M  L  Q  P  A  H  O  O  B  A  T  A  P
D  I  Y  R  Y  B  W  N  P  C  H  I  L  K
A  K  D  E  R  B  S  O  E  H  T  N  D  P
L  U  N  T  A  L  S  P  R  E  Z  P  E  I
D  B  A  S  N  E  E  O  A  C  E  A  R  H
N  Z  C  I  O  B  U  L  T  K  E  R  D  S
A  I  R  W  I  R  G  Y  I  E  F  T  A  E
S  C  A  T  T  E  R  G  O  R  I  E  S  L
E  J  N  Z  C  N  Q  Y  N  S  L  S  H  T
T  R  I  V  I  A  L  P  U  R  S  U  I  T
U  A  U  E  P  A  Y  D  A  Y  T  O  P  A
H  G  M  N  M  O  K  H  M  F  Y  M  Z  B
C  O  N  N  E  C  T  F  O  U  R  I  S  K
```

Solution on Page 336

TOYS

BARBIE DOLL
CARE BEARS
EASY BAKE OVEN
ETCH A SKETCH
GI JOE
GLO WORMS
HACKY SACKS
HE MAN
HELLO KITTY
HOT WHEELS
JACKS
LITE BRITE
LEGOS
MR POTATOHEAD
MUPPET BABIES
MY BUDDY
NERF
PLAY DOH
POUND PUPPIES
RAINBOW BRITE

SLINKY
SMURFS
SPEAK AND SPELL
TONKA TRUCKS
TRANSFORMERS

```
H E M A N J A C K S F R E N
O S E I B A B T E P P U M Y
D O R A I N B O W B R I T E
Y G L Q S K C A S Y K C A H
A E U F W Y G L O W O R M S
L L O D E I B R A B Q A Q R
P H C T E K S A H C T E F E
L L E P S D N A K A E P S M
M R P O T A T O H E A D E R
Y S K C U R T A K N O T L O
B U S R A E B E R A C V G F
U Y P O U N D P U P P I E S
D M Z S L E E H W T O H O N
D E T I R B E T I L L C J A
Y K N I L S F R U M S O I R
Y T T I K O L L E H S W G T
```

Solution on Page 336

MOVIES

A BUGS LIFE
AIR BUD
ALADDIN
ARISTOCATS
BOLT
CARS
CHICKEN LITTLE
CINDERELLA
ENCHANTED
FINDING NEMO
FLUBBER
FREAKY FRIDAY
INCREDIBLES
HOLES
MARY POPPINS
MONSTERS INC
MULAN
OLIVER
PARENT TRAP
POCAHONTAS

RESCUERS
SHAGGY DOG
SNOW WHITE
TARZAN
TINKER BELL
WALL E
WINNIE THE POOH

```
C E T I H W W O N S B O L T
I F V P A R E N T T R A P A
N R G B U Z H A I R B U D R
D E T N A H C N E U L N X Z
E A L H G O D Y G G A H S A
R K O T T R E S C U E R S N
E Y L S T F L U B B E R W W
L F I N D I N G N E M O E L
L R V V F A L A D D I N V D
A I E E S A T N O H A C O P
W D R M O N S T E R S I N C
Y A V L L E B R E K N I T A
M Y S E L B I D E R C N I R
N G O M A R Y P O P P I N S
W I N N I E T H E P O O H A
M U L A N H O L E S R C M C
```

Solution on Page 337

SCHOOL SUPPLIES

ALGEBRA BOOK
BACKPACK
BINDER
CALCULATOR
COMPASS
DICTIONARY
ENGLISH BOOK
ERASER
FOLDER
GYM CLOTHES
HIGHLIGHTER
HISTORY BOOK
LIBRARY CARD
LOCKER
MARKER
MATH BOOK
PAPER
PEN
PENCIL
PROTRACTOR

RULER
SCIENCE BOOK
SPANISH BOOK
STAPLER
STUDENT ID
THESAURUS

```
H B A R O T C A R T O R P P
I A D R E K R A M K V E A W
S C I E N C E B O O K T P Z
T K T S G Y M C L O T H E S
O P N U L L S L O B R G R K
R A E R I I S B C H E I U O
Y C D U S B A P K S S L L O
B K U A H R P V E I A H E B
O F T S B A M B R N R G R H
O F S E O R O H J A E I P T
K O G H O Y C N M P L H E A
L L Y T K C F L Z S P E N M
A D R O T A L U C L A C C V
L E B E Y R A N O I T C I D
D R W R E D N I B Y S G L E
T Z U B E C N V U F S O S F
```

Solution on Page 337

MUPPETS

ANIMAL

ANNIE SUE

BEAKER

BEAUREGARD

CAMILLA

CRAZY HARRY

DR TEETH

FOO FOO

FOZZIE BEAR

GEORGE THE JANITOR

GONZO

KERMIT THE FROG

LINK HOGTHROB

LIPS

MARVIN SUGGS

MISS PIGGY

POPS

RIZZO THE RAT

ROBIN

ROWLF THE DOG

SAM THE EAGLE

SCOOTER

SWEDISH CHEF

SWEETUMS

ZOOT

```
G O R F E H T T I M R E K P
E Y G G I P S S I M I F F O
O L I P S C O O T E R J J P
R K Q M A R V I N S U G G S
G O N Z O R E K A E B O B W
E U S E I N N A R E D H G E
T O O Z B E A U R E G A R D
H B O R H T G O H K N I L I
E L G A E E H T M A S Z S S
J F A M O G F O O F O O M H
A F K A L L I M A C G U U C
N K T T W Q R D R T E E T H
I R F O Z Z I E B E A R E E
T Y R R A H Y Z A R C K E F
O L A M I N A R O B I N W X
R I Z Z O T H E R A T K S Z
```

Solution on Page 337

COMIC BOOK CHARACTERS

AVENGERS
BATMAN
CAPTAIN AMERICA
CATWOMAN
CROW
DAREDEVIL
ELEKTRA
FANTASTIC FOUR
FLASH
GHOST RIDER
GREEN LANTERN
HELLBOY
INCREDIBLE HULK
IRON MAN
JOKER
JUDGE DREDD
POPEYE
PUNISHER
ROCKETEER
SPAWN

SPIDERMAN
SUPERGIRL
SUPERMAN
TANK GIRL
WATCHMEN
WOLVERINE
WONDER WOMAN
X MEN

```
S G F B V Y O B L L E H W T
U L L S P A W N G R E K O J
P R A S U P E R G I R L R N
E E S P I D E R M A N U C E
R D H J R W P U N I S H E R
M I L U O O W O I X M E N W
A R I D C L A F R N A L L O
N T V G K V R C O E V B R N
A S E E E E T I N M E I I D
M O D D T R K T M H N D G E
O H E R E I E S A C G E K R
W G R E E N L A N T E R N W
T U A D R E E T P A R C A O
A M D D G L U N U W S N T M
C A P T A I N A M E R I C A
P O P E Y E X F B A T M A N
```

Solution on Page 337

OUTDOOR GAMES

BADMINTON
BASEBALL
BASKETBALL
BOCCE BALL
CATCH
CROQUET
FOOTBALL
FOUR SQUARE
FRISBEE
HIDE AND SEEK
HOPSCOTCH
HORSESHOES
HOT POTATO
JUMP ROPE
JUNGLE GYM
KITE
MARBLES
MARCO POLO
NERF
POGO STICK

RED ROVER
RELAYS
SLIP AND SLIDE
TAG
TETHERBALL
VOLLEYBALL
WATER GUNS

```
J U M P R O P E R E L A Y S
R X T J U N G L E G Y M O E
E S S C V O L L E Y B A L L
D F E D U S I A G G L R U B
R Z B O C C E B A L L C R R
O O T H H C A T C H A O D A
V T F R I S B E E Y B P L M
E A O M K D E K C O T O L P
R T L L A B E S A B O L A O
F O U R S Q U A R E O O B G
R P S D N G H B N O F K R O
E T E U Q O R C X D H I E S
N O W A T E R G U N S T H T
A H O P S C O T C H X E T I
X S L I P A N D S L I D E C
G G O N O T N I M D A B T K
```

Solution on Page 338

AFTER SCHOOL ACTIVITIES

BASEBALL
BASKETBALL
CHEERLEADING
CHORES
COLORING
CRAFTS
DRAMA CLASS
EXERCISE
FIELD TRIP
FOOTBALL
GAMES
MARCHING BAND
PAINTING
PART TIME JOB
READING
REHEARSAL
RUNNING
SPORTS TEAM
STUDY HALL
SWIMMING

TRACK
VOLLEYBALL
VOLUNTEERING
WRESTLING
WRITING

```
G S T U D Y H A L L X G L L
N S S I V O L L E Y B A L L
I H K A O I N L B F G C A A
T P M M L K U L L I N A B B
I U A A U C C G A E I L E T
R Y E R N D A A S L D L S O
W C T C T S E M R D A A A O
R R S H E T S E A T E B B F
E C T I E F I S E R R T G G
S O R N R A C M H I D E N N
T L O G I R R T E P G K I I
L O P B N C E Y R J S S M N
I R S A G N X V G B O A M N
N I P N E S E R O H C B I U
G N I D A E L R E E H C W R
B G N I T N I A P G J L S S
```

Solution on Page 338

SLUMBER PARTIES

BALLOONS
BLANKETS
BOARD GAMES
CANDY
DANCING
EATING
FRIENDS
GOSSIP
LAUGHING
MOVIES
MUSIC
PAJAMAS
PARTY
PILLOW FIGHT
PILLOWS
PIZZA
POPCORN
PRACTICAL JOKES
PRANK CALLS
SCARY STORIES

SLEEPING BAG
SLEEPOVER
SODA
SWEETS
TALKING
TRUTH OR DARE
VIDEO GAMES

```
Y S E K G P S E I V O M B D
T T E H G N I C N A D E Q P
R E F J N P B S V D Y R R C
A E S E I R O T S Y R A C S
P W W U H A A D R O C D A A
V S O T G N R A V T G R N M
I O L H U K D L I A S O D A
D R L G A C G C B L T H Y J
E E I I L A A H A K E T E A
O V P F H L M S L I K U A P
G O M W J L E D L N N R T O
A P K O W S S N O G A T I P
M E K L X L J E O H L B N C
E E S L E E P I N G B A G O
S L C I S U M R S F N I F R
E S S P U H V F A Z Z I P N
```

Solution on Page 338

SESAME STREET

BABY BEAR
BABY NATASHA
BERT
BIG BIRD
BRUNO
BUSTER THE HORSE
COLAMBO
COOKIE MONSTER
COUNT VON COUNT
CURLY BEAR
ELMO
ERNIE
FORGETFUL JONES
GROVER
HARVEY
HERRY MONSTER
HOOTS
LITTLE BIRD
MURRAY MONSTER
OSCAR THE GROUCH

ROSITA
SLIMEY THE WORM
SNUFFLEUPAGUS
ZOE

```
S A L I T T L E B I R D U F
L H A R V E Y O U R S Y X O
I S F E G Y N M S M U Z S R
M A S T O O H L T E G C T G
E T O S U L G E E B A C D E
Y A N N F I R Y R R P D Z T
T N U O C N O V T N U O C F
H Y R M I B V H H C E B O U
E B B E M I E Q E U L A L L
W A B I Q G R F H R F B A J
O B H K R B N C O L F Y M O
R F R O S I T A R Y U B B N
M H U O T R E B S B N E O E
P C Y C O D B S E E S A F S
H R E T S N O M Y A R R U M
C R E T S N O M Y R R E H H
```

Solution on Page 338

CHAPTER 15
WEEKEND FUN
MOVIE THEATERS

ADMISSION

ARM REST

AUDITORIUM

BALCONY

BOX OFFICE

CANDY

CONCESSION STAND

CUP HOLDER

DRIVE IN

HOT DOG

IMAX

LIGHTS

LOBBY

MATINEE

MOVIE

NACHOS

POPCORN

PREVIEWS

PROJECTOR

SCREEN

SNACKS

SODA

STADIUM SEATS

SURROUND SOUND

THEATER

TICKETS

TRAILERS

VELVET CURTAINS

```
S S C C S D Y B B O L D S E
O K W O D N O I S S I M D A
H C D N C U P H O L D E R V
C A S C B O X O F F I C E P
A N R E L S Y Y N O C L A B
N S E S I D S W E I V E R P
D G L S A N S C R E E N Q Y
Y L I I A U D I T O R I U M
R I A O R O T C E J O R P K
T G R N N R U E I V O M I T
I H T S E R M R A D J Q H
C T J T T U U Z P X U S O E
K S T A E S M U I D A T S A
E G I N I E V I R D D M Z T
T N P D N P O P C O R N I E
S M A T I N E E G F G S L R
```

COUNTY FAIRS

BLUE RIBBON

CARNIVAL

CAROUSEL

CONCERTS

CORN DOGS

CORN ON THE COB

COTTON CANDY

DISPLAYS

ENTERTAINMENT

EXHIBITS

FAIRGROUND

FERRISWHEEL

GAMES

ICE CREAM

LIVESTOCK

NACHOS

PARADE

PETTING ZOO

PIE EATING CONTEST

PIGS

POPCORN

PRIZES

RIDES

SODAS

TRADE SHOW

ZIPPER RIDE

```
E G A M E S C D T S A D O S
X N W Q D G A N S T E C I G
H R T P I C R U E R U L Z I
I O L E R O N O T E T S T P
B C E T R T I R N C M G R P
I P S T E T V G O N K O A R
T O U I P O A R C O C D D I
S P O N P N L I G C O N E Z
O I R G I C M A N J T R S E
H C A Z Z A S F I M S O H S
C E C O R N O N T H E C O B
A C M O E D A R A P V N W X
N R U K K Y U S E D I R T R
F E R R I S W H E E L N G S
H A R B L U E R I B B O N N
Q M I X R D I S P L A Y S X
```

Solution on Page 339

AMUSEMENT PARKS

ADMISSION
BACKPACK
BOTTLED WATER
BUMPER CARS
CAROUSEL
COTTON CANDY
CROWDS
FOAM FINGERS
FREE FALL
GIFT SHOP
GONDOLA
HAND STAMP
ICE CREAM
JUNK FOOD
LINES
MONORAIL
PEOPLE
PRETZEL
RESTAURANTS
ROLLERCOASTER

SUN BLOCK
TICKET
TOURISTS
WAITING
WALKING
WATER RIDES

```
G X Y W R D O O F K N U J W
C W A T E R R I D E S C S A
R N A K T E B C S E L A E I
O O A C A S A E R A O R N T
W I L O W T C C E P Y O I I
D S O L D A K R G D I U L N
S S D B E U P E N X T S B G
R I N N L R A A I H O E U N
E M O U T A C M F A U L M I
L D G S T N K O M N R L P K
P A R O O T A M A D I A E L
O Z U T B S Y J O S S F R A
E N T I C K E T F T T E C W
P O H S T F I G Z A S E A Q
C H L I A R O N O M Z R R C
J G B L E Z T E R P Z F S B
```

Solution on Page 339

RESTAURANTS

APPETIZER

BARTENDER

BEVERAGE

BILL

BOOTH

BREAD

BUFFET

BUS BOY

BUTTER

CHEF

COCKTAIL

COFFEE

COOK

CREDIT CARD

DESSERT

ENTREE

GRATUITY

HOSTESS

KIDS MEAL

LOUNGE

MENU

NAPKIN

PEPPER

PLATE

RECEIPT

SALT

SIDE ORDER

SODA

TABLE

UTENSILS

WAITER

WAITRESS

```
K U J I N H T O O B R J E F
H V C K O A G R A T U I T Y
A D O S C E P R E C E I P T
S O F L I A T K C O C U B B
C R F X F E H C I X A Z T V
S Q E K N W G U A N J S R W
C R E D I T C A R D T L A S
N B E J R D X X R E T I A W
E R M Z J O S S S E T S O H
G E L L I B E M Y R V N Y X
N A R R U T U D E Y T E P V
U D P T E H E S I A J T B Y
O E T F N P S P B S L U R S
L E F Q A E P L P O W N O D
R U R H D O E E I A Y E F D
B R D M E T A L P G M M H O
```

Solution on Page 339

SHOPPING MALLS

BARGAIN
BOOKS
CASH
CLERK
CLOTHES
CREDIT CARD
CROWD
CUSTOMERS
DEALS
DISCOUNT
DRESSING ROOM
FOOD COURT
GAMES
GIFTS
JEWELRY
KIOSK
MAKEUP
MOVIES
MUSIC
PARKING LOT

PEOPLE
RECEIPT
RETAIL
RETURN
SALES
SECURITY GUARD
SHOPPING

```
C G T L W P F T K Z I L C O
J F N P S K D N V C Y T S M
G P C I I A I W K P L J S V
J U A O P E S M O V I E S F
S E S R Z P C E Z R C W R S
E K H F K R O E C U C E A K
M A O O J I U H R B Q L D G
A M O O R G N I S S E R D I
G P G D B C T G X S A Y F F
E B E C K Y I R L C L R K T
J E C O G C U S T O M E R S
G M C U P W G I U T T T E L
F T A R T L D M J M H A T A
G R K T L E E V J P A I U E
D T B A R G A I N G R L R D
A U H C L O T H E S M N N T
```

Solution on Page 340

COMEDY CLUBS

ALCOHOL
ANNOUNCER
APPETIZERS
APPLAUSE
CAMERA
CELEBRITIES
CLUB
COCKTAIL
COMEDIAN
COMEDY
FUNNY
IMPERSONATOR
IMPROV
JOKES
LAUGHTER
LIGHTS
MICROPHONE
NIGHT CLUB
PERFORMANCE
PROPS

RESTAURANT
STAGE
STAND
STORIES
TABLES
THEATER
VENTRILOQUISTS
WAITER
WAITRESS

```
F  U  N  N  Y  D  N  A  T  S  R  F  A  J
S  E  I  R  O  T  S  T  H  G  I  L  G  O
E  R  R  E  T  H  G  U  A  L  M  Z  T  K
J  C  O  S  S  E  R  T  I  A  W  X  E  E
V  E  N  T  R  I  L  O  Q  U  I  S  T  S
D  V  I  A  A  A  N  N  O  U  N  C  E  R
A  Z  G  U  M  N  L  W  D  Y  D  I  N  E
T  N  H  R  S  R  O  C  A  A  T  Z  O  Z
H  A  T  A  T  P  O  S  O  I  O  Y  H  I
E  I  C  N  A  L  A  F  R  H  T  M  P  T
A  D  L  T  G  R  Y  B  R  E  O  E  O  E
T  E  U  V  E  D  E  F  V  E  P  L  R  P
E  M  B  M  E  L  S  P  O  R  P  M  C  P
R  O  A  M  E  S  U  A  L  P  P  A  I  A
Y  C  O  C  K  T  A  I  L  O  Z  E  M  E
T  C  V  O  R  P  M  I  T  A  B  L  E  S
```

Solution on Page 340

WINE TASTING

ALCOHOL

AROMA

BOTTLE

CABERNET

CHABLIS

CHAMPAGNE

CHARDONNAY

CHIANTI

COLOR

CORK

GRAPES

LABEL

LAMBRUSCO

MERLOT

PINOT NOIR

RED

RIESLING

ROSE

SAUVIGNON BLANC

SAVOUR

SEMILLON

SHERRY

SHIRAZ

SMELL

STEM WARE

SWIRL

TASTE

VINEYARD

WHITE

WINE GLASS

WINERY

```
W H I T E L E B A L G S Z L
B C E T S A T D Z K N A X R
L O H O C L A F G E I V Q I
I T N A I H C R C O L O R W
W S T E M W A R E D S U K S
W O V M L P P R Z I E R H K
R V I N E Y A R D D I I W N
M B O S Y M S G K O R I O K
Y E A T O M E Z N A N L Q S
G Y R R E H S T Z E L N H W
C N A L B N O N G I V U A S
B V L L O N R L M I B P S Y
L S C O I T A E Y R E N I W
M U W P S S S T B O T T L E
K R O C S U R B M A L L G V
J E A W S I L B A H C B A E
```

Solution on Page 340

VIDEO GAMES

ACCESSORIES

APPLE

ARCADE

ATARI

COMMODORE

COMPETITION

COMPUTER

CONSOLE

CONTROLLER

ELECTRONIC

GAMER

GAMES

HEADPHONES

JOYSTICK

KEYBOARD

MAGNAVOX

MARIO

MICROSOFT

NINTENDO

ODYSSEY

PLAY STATION

PLAYERS

SEGA

SOFTWARE

SONY

TANDY

TELEVISION

WII

XBOX

ZELDA

```
M Q R R G Q R K C E B V Y U
C D E L E C T R O N I C I K
O H J K F C O M M O D O R E
M P L A Y S T A T I O N A Y
P A P P L E R R R T D T T B
U G J V N I Z N E I Y R A O
T F O S O R C I M T S O N A
E P Y R I O V N A E S L D R
R E S E S S V T G P E L Y D
A L T Y I S M E E M Y E N G
W O I A V E C N S O P R O S
T S C L E C E D A C R A S E
F N K P L C X O V A N G A M
O O M H E A D P H O N E S A
S C P X T V Z E L D A H C G
X O B X I M U F W I I E F F
```

Solution on Page 340

CONCERTS

ACOUSTIC
AMPLIFIER
APPLAUSE
AUDIENCE
BALLADS
BAND
CELEBRITY
CHEERING
DANCERS
DANCING
DRUMS
EAR PIECE
ENCORE
FOG MACHINE
GROUP
GUITAR
LIGHTS
MICROPHONE
MUSICIAN
PIANO

SCREAMING
SECURITY
SINGER
SINGING
SOLO
SONG
STAGE
TICKET

```
T  F  J  N  T  J  I  J  E  H  F  W  N  C
J  O  N  A  I  P  O  U  W  T  S  A  E  E
F  G  N  I  C  N  A  D  T  S  R  L  C  U
H  M  I  C  R  O  P  H  O  N  E  E  N  T
S  A  S  I  N  G  I  N  G  B  I  S  E  V
T  C  E  S  I  N  G  E  R  P  F  U  I  X
H  H  C  U  J  R  B  I  R  Q  I  A  D  V
G  I  U  M  P  G  T  A  U  R  L  L  U  F
I  N  R  Q  U  Y  E  C  L  A  P  P  A  D
L  E  I  I  N  P  K  O  E  L  M  P  N  X
C  G  T  M  C  I  C  U  R  V  A  A  X  Y
N  A  Y  W  A  Q  I  S  O  L  B  D  U  N
R  T  J  I  C  E  T  T  C  W  S  A  S  O
W  S  C  H  E  E  R  I  N  G  R  O  U  P
T  M  O  S  D  A  N  C  E  R  S  J  L  U
A  B  Q  F  C  A  X  R  S  M  U  R  D  O
```

Solution on Page 341

BOWLING

BALL BAG
BALL RETURN
BOWLING BALL
BOWLING SHIRT
BUMPERS
COSMIC BOWLING
DOUBLE
FAN
FORM
FRAMES
GRANNY STYLE
GUTTER BALL
LANE
LEAGUE
MUSIC
PINS
POWDER
RENTED SHOES
SCORE
SNACK BAR

SPARE
SPLIT
STRIKE
TRIPLE
TURKEY
WRIST BRACE

```
M B T G R A N N Y S T Y L E
U I U S B X U E K I R T S Z
S E R A P S S I C B I H C L
I R K R E N T E D S H O E S
C F E R I F R A M E S A Z N
B C Y P T I L P S M G D I A
C A E E M R L X I U N A F C
N O L T C U A C E Y I E O K
G A B L L A B G N I L W O B
W A U G R O R E O P W N M A
A Q O Y W E E B I F O R M R
C L D L D N T R T L B W J Z
Y G I W A D T U O S C K M V
I N O L X O U A R C I N I A
G P F S O R G F E N S R C D
P T N B Q T A C S Y N L W O
```

Solution on Page 341

Answers

CHAPTER 1: TASTY TREATS

SUSHI

CHOCOLATE

SALAD TOPPINGS

ICE CREAM FLAVORS

CHAPTER 1: TASTY TREATS

FRUITS

MEXICAN CUISINE

BREAKFAST FOOD

BEVERAGES

CHAPTER 1: TASTY TREATS

ITALIAN CUISINE

LATE-NIGHT SNACKS

CHAPTER 2: VIVA LAS VEGAS

HOTELS

RESTAURANTS

GAMBLING

ATTRACTIONS

THE STRIP

SIGHT SEEING

CHAPTER 2: VIVA LAS VEGAS

```
D E L V I S P R E S L E Y T
A R I S N B T R E I A D D H
V I E Q E E W J D E N S C B
I T L L I T U S I G C H J L
D A O S L T E I C F E F C U
C R S E D E L V E R B R R E
O U U N I M T A L I U A I M
P D D O A I O D I E R N S A
P N E J M D N Y N D T K S N
E E U M O L J M E A O S A G
R R Q O N E O M D N N I N R
F K R T D R H A I D I N G O
I B I H W N N S O R P A E U
E Y C Q Z P T G N O L T L P
L R W O L I N A M Y R R A B
D J N O T W E N E N Y A W O
```

ENTERTAINERS

```
T I A T I A M A R T I N I M
A E K O C D N A M U R C Z O
D P Q C A P E C O D N G R J
A C S U T B A C A R D I E I
L O N G I S L A N D H N V T
O E I X R L Y M I U A A I O
C D L B A D A M R T B N R K
A I L L G C A S I L A D D A
N L O O R N S L U F Y T W M
I S C O A C O E Q N B O E I
P D M D M P H H I E R N R K
I U O Y O A Q V A F E I C A
N M T M W I R C D Z E C S Z
C J S A K E B O M B Z P M E
W O I R S E A B R E E Z E X
C I R Y D A L K N I P D X T
```

COCKTAILS

```
B F L N I H S U R S L O O F
N E S M O K I N A C E S W N
J A N L C A S I N O A L V A
S R E L R U T U R N V U K M
W A V A T H E M E X I C A N
I N E B L Y R X C D N K U O
N D L E G S A R A O G Y S R
G L E G C A R M L Y T I I S
E O S D T U T I T I A O I S
R A N O S B A N A N S U N P
S T A D H N S M R O V Z P Y
T H E G O D F A T H E R O L
Q I C C R N O N F S G J W D
L N O I T A C A V S A G E V
T G E M Y G I A N T S Y R H
V E R Y B A D T H I N G S N
```

MOVIES

```
E T S L Y V F H Z J C U Q M
E G D R R O C K H O U S E W
S C N A E U S T E N A T C O
W A A U R G M E D U W T A C
D E G P O A G J A P L I T I
D I M E S L B I U M I X H R
H G C M V D O R D N L T O A
U E H O N S E O I D G E U B
P U S S Y C A T D O L L S T
N Q U P K O R L S O N O E S
Q S L P N A T S N A O E G O
Q I B O M Z I E Q I W V N H
Y R R E R B O K U B A A A G
H R U T A B U N W G T R F L
X L M R U L P B E B L K E O
B Z I Y E Y E C A N D Y T R
```

NIGHT LIFE

MEDICAL DRAMAS

```
N Y K E C N E D I V O R P S
E M E R G E N C Y T D K R C
F O E N U R S E S J M V I R
O T A I W U T L M E N T V U
N A S R O T C O D E H T A B
E N I C I D E M G N O R T S
P A I Q F Q F H H H J B E T
O S E U J I F S C O R E P E
H Y O I Q U E A T U E N R L
O E T N S R E M A S P C A S
G R X C P B D H W E P A C E
A G N Y A W I Q D J A S T W
C G B N O U S T R R R E I H
I N I P T U C K I O T Y C E
H H D O O G I E H O W S E R
C O W L A D O C T O R S A E
```

SOAP OPERAS

```
A H E C A L P E S O R L E M
A R P P V S O A P N D N A D H
A E O T I S S X O A E T L G
B Y H H S E T F I Y S R I R O
R T S G T L H A S S D P O N I
A O N I E R E L S O L S W D N
B N A L R A W C A F I O R N A
A P Y G S H O O P O H H E A L
T L R N M C R N L U C L H S T
N A T I D T L C B R Y A T O
A C R D A R D R W L M R O T
S E V I L O T E F I L E N O
V R H U L P U S Y V L N A N
F M C G A S R T E E A E I K
R G Y T S A N Y D S C G N U
S F Z F I R S T L O V E Q B
```

POPULAR SITCOMS

REALITY

CHAPTER 3: MUST SEE-TV

VARIETY TV

FAMILY SETTINGS

GAME SHOWS

CARTOONS

CHAPTER 3: MUST-SEE TV

CRIME DRAMAS

CLASSIC TV

CHAPTER 4: FROM SEA TO SHINING SEA

U.S. PRESIDENTS

STATES

CHAPTER 4: FROM SEA TO SHINING SEA

```
D C K L E G I S L A T I V E
G D J E S U O H E T I H W X
U N I T E D S T A T E S B E
G O V E R N O R S O S E R C
N T Y E R O L U A R R C A U
F G R X C I I O P N O R N T
S N U Y A T B C R E T E C I
S I S C P U E E Y A T H V V
E H A A I T R M S G N A E E
R S E R T I T E I E E R S T
G A R C O T Y R D N S Y E A
N W T O L S H P E E U S A N
O T I M W N O U N R W A S E
C H I E F O F S T A F F G S
M J U D I C I A L L E P C I
P O L I T I C S P E A K E R
```

GOVERNMENT

```
G R U B S Y T T E G V S R P
W R A W D L O C I Q M S P A
K G V A L L E Y F O R G E N
B S W A L K O N M O O N A A
Z I L D E S E R T S T O R M
E L L I H R E K N U B I L A
D E C L A R A T I O N T H C
A E I G O L D R U S H A A A
W D M A Y F L O W E R N R N
S P E T A G R E T A W I B A
V C I V I L R I G H T S O L
E E Q U A L R I G H T S R J
O R E T A W E T I H W A W L
R A W L I V I C X A T S Q I
N O I S S E R P E D N S M D
I F H S A R C T E K R A M H
```

EVENTS IN HISTORY

```
Z Y E L L O W S T O N E F A
I E L A Y O R E L S I U N O
O F S C R A T E R L A K E B
N O M S G N I R P S T O H I
O L A K E C L A R K N A E G
T S E Q U O I A W O U I V B
E X I E C I P M Y L O D E E
T I B A D L A N D S M A R N
D E A T H V A L L E Y C G D
N O Y N A C S G N I K A L G
A L R E D W O O D N C G A L
R E I N I A R T N U O M D A
G Z A J O S H U A T R E E C
G R E A T B A S I N U E S I
G Z E E D R E V A S E M K E
T A F S H E N A N D O A H R
```

NATIONAL PARKS

```
J N U G H W N A M B U T D J
M B D N Q O A V E K L L S E
L E W I S A N D C L A R K M
P A R K S I X O D R L I Y O
W P C N Q N C X E K C N D N
C A C K L N E G H O O V E R
J O S R A O Z Y F H T J N O
H A L H L T C W T O T A N E
L R L U I T I N T S R A E H
R P E F M N A I I M O D K L
M I B L F B G E S L I R B V
R U F R L H U T E S P G F F
Z J E F F E R S O N W A H O
J Y P F L O K N E N E T H Z
Z F R A N K L I N V U E L C
J K A G R P J E I D D S C H
```

MOVERS & SHAKERS
```
```

CHAPTER 4: FROM SEA TO SHINING SEA

MILITARY

TOURIST ATTRACTIONS

FIRST LADIES

STATE CAPITOLS

CHAPTER 5: VACATION DESINATIONS

HAWAII

CRUISE SHIPS

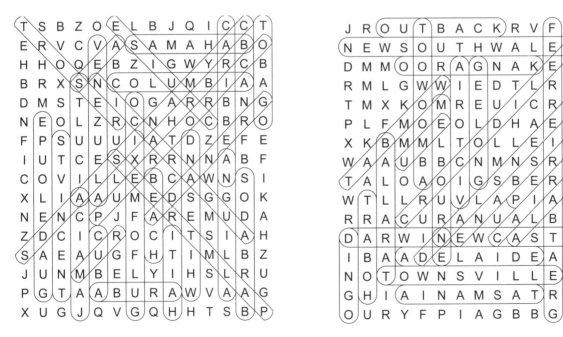

CARIBBEAN ISLANDS

AUSTRALIA

CHAPTER 5: VACATION DESINATIONS

MEXICO

DISNEYLAND

EUROPE

NEW ENGLAND

CHAPTER 5: VACATION DESINATIONS

BEACHES

UNITED STATES

CHAPTER 6: LET'S CELEBRATE!

WEDDINGS

CHRISTMAS

PROM

THANKSGIVING

BABY SHOWER

WEDDING ANNIVERSARY

CHAPTER 6: LET'S CELEBRATE!

FOURTH OF JULY

Y E A R B O O K N T J E H I
G K T N E M E C N E M M O C
C N D A O G T H L A I Y N A
K W I I V I A T D C N R O P
L O P R D F E A N H O E R F
L G L O S T R S O E Q M S Y
O D O T Y S U S I R L M C V
O O M C Y T A E T S H U H M
H O A I N U L L A M M S O S
C H E D O D A C C B R E L R
S T N E M E C N U O N N A P
H L U L E N C C D E C I R R
G U J A R T A S E T Q O S Y
I D F V E S B S G W Z R H Y
H A L S C O L L E G E S I N
D X H C L A P I C N I R P I

HIGH SCHOOL GRADUATION

EASTER

HALLOWEEN

CHAPTER 7: WELL READ

ROMEO AND JULIET

THE GREAT GATSBY

JANE EYRE

THE ADVENTURES
OF TOM SAWYER

CHAPTER 7: WELL READ

THE CATCHER IN THE RYE

MOBY DICK

THE OLD MAN AND THE SEA

PRIDE AND PREJUDICE

THE GRAPES OF WRATH

TO KILL A MOCKINGBIRD

BASKETBALL

BASEBALL

CHAPTER 8: IT'S GAME TIME!

FOOTBALL

GOLF

SOCCER

ICE HOCKEY

BOXING

HORSE RACING

TENNIS

AUTO RACING

CHAPTER 9: CAN YOU FEEL THE BEAT?

CLASSIC ROCK

COUNTRY

MODERN POP

JAZZ AND SWING

CHAPTER 9: CAN YOU FEEL THE BEAT?

FEMALE VOCALIST

FOLK

BANDS

'80S FAVORITES

CHAPTER 9: CAN YOU FEEL THE BEAT?

MALE VOCALIST

BROADWAY MUSICALS

CHAPTER 10: THE BIG CITY

LOS ANGELES

NEW YORK CITY

CHICAGO

BOSTON

PHILADELPHIA

SAN FRANCISCO

CHAPTER 10: THE BIG CITY

ST. LOUIS

WASHINGTON DC

NEW ORLEANS

ATLANTA

COSMETICS

CAREERS

FINANCES

CLOTHING

CHAPTER 11: ALL GROWN UP

AUTOMOBILES

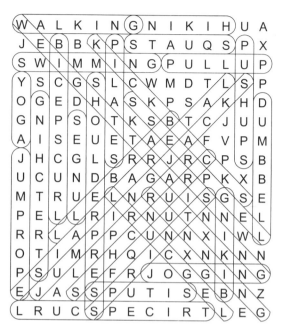

EXERCISE

BABY NAMES

EDUCATION

CHAPTER 11: ALL GROWN UP

RELATIONSHIPS

PARENTHOOD

CHAPTER 12: AND THE OSCAR GOES TO . . .

BEST ACTOR

BEST ACTRESS

CHAPTER 12: AND THE OSCAR GOES TO . . .

BEST DIRECTOR

BEST PICTURE

BEST SUPPORTING ACTOR

BEST SUPPORTING ACTRESS

CHAPTER 12: AND THE OSCAR GOES TO . . .

**BEST ORIGINAL
SCREENPLAY**

BEST VISUAL EFFECTS

BEST COSTUME DESIGN

BEST EDITING

CHAPTER 13: THE GREAT OUTDOORS

CAMPING

BIRDS

FLOWERS

FAMILY BBQ

CHAPTER 13: THE GREAT OUTDOORS

INSECTS

WEATHER

BODIES OF WATER

ANIMALS

CHAPTER 13: THE GREAT OUTDOORS

TRANSPORTATION

TREES

CHAPTER 14: OH, TO BE A KID AGAIN!

BOARD GAMES

TOYS

CHAPTER 14: OH, TO BE A KID AGAIN!

MOVIES

SCHOOL SUPPLIES

MUPPETS

COMIC BOOK
CHARACTERS

CHAPTER 14: OH, TO BE A KID AGAIN!

OUTDOOR GAMES

AFTER SCHOOL ACTIVITIES

SLUMBER PARTIES

SESAME STREET

MOVIE THEATERS

COUNTY FAIRS

AMUSEMENT PARKS

RESTAURANTS

CHAPTER 15: WEEKEND FUN

SHOPPING MALLS

WINE TASTING

COMEDY CLUBS

VIDEO GAMES

CONCERTS

BOWLING

Find out Everything on Anything
at **everything.com!**